毎日が
地獄です
カレー

给你看看我们的北海道手账

凸子 & 凹子
著绘

中信出版集团 | 北京

图书在版编目（CIP）数据

给你看看我们的北海道手账 / 凸子，凹子著绘 . --
北京：中信出版社，2022.6
ISBN 978-7-5217-4336-4

Ⅰ . ①给… Ⅱ . ①凸… ②凹… Ⅲ . ①旅游指南—北
海道 Ⅳ . ① K931.39

中国版本图书馆 CIP 数据核字（2022）第 073140 号

给你看看我们的北海道手账

著　　绘：凸　子　凹　子
出版发行：中信出版集团股份有限公司
（北京市朝阳区惠新东街甲 4 号富盛大厦 2 座　邮编　100029）
承 印 者：北京尚唐印刷包装有限公司

开　　本：880mm×1230mm　1/32　　印　　张：9.25　　字　　数：195 千字
版　　次：2022 年 6 月第 1 版　　印　　次：2022 年 6 月第 1 次印刷
书　　号：ISBN 978-7-5217-4336-4
定　　价：68.00 元

服务热线：400-600-8099
投稿邮箱：author@citicpub.com

前言

说起最受国人青睐的日本地区，北海道一定能排进前三名。而北海道尤其是其首府札幌，对于凸子和凹子——本书中会反复出现的两个小角色来说是第二故乡般的存在。

凸子和凹子相识于日本北海道新千岁机场，因为气味相投，认识不久就开始结伴“四窜”。从上学开始到工作，充足的停留时间让两人可以跑到北海道的犄角旮旯，去看她卸掉旅游胜地妆容以后的素颜：善良淳朴的民风，田野山涧的晨曦星辰，以及不期而遇的野生动物……邻国的这个广袤“大农村”宛如磁场，吸引凸子和凹子在搬离以后仍会定期回访。这本书中大部分内容也来自凸子和凹子最近一次奔向北海道，纪念“机场相识10周年”的部分绕道游体验。

很遗憾，新冠肺炎疫情突如其来，打断了“绕道游”后半程的计划。一向凹凸不平却总能否极泰来的旅程，头一次因为不可抗力按下了暂停键。腿动不了，那就动动手吧。无法如愿出行的日子里，身在东京的凸子和窝在北京的凹子，把自己变成“纸片人”约在书中，一边整理走过的旅途的回忆和照片，一边为下次出行描绘蓝图，跨越四季完成了一趟比较完整的“游客以上，本地人未满”的北海道旅行。

这本书“花里胡哨”，有文字，有照片，还穿插着无数插画，为的是更直观地呈现北海道的各种模样。不过书里景点介绍从简，“现游客、原居住者”的凸子和凹子把更多篇幅留给了“第二故乡”不大为人所知的城镇街角，以及需要点儿体力和魄力才能完成的野生感十足的户外体验。旅行途中，纯中国制造的凸子和凹子又注定“本地人未满”，面对大和民族的习俗、习惯也会不知所措地摆出问号脸，在文化差异的小河沟里翻船。这些内容，我们都毫无保留地画给你看。

在凸子和凹子的设想中，这本书应该是看完正儿八经的旅游手册，手握规划得八九不离十的北海道常规旅游线路，却还想再找些隐藏景点；又或是某个悠闲午后，想通过有趣的游记纸上旅行，以弥补暂时无法出行的遗憾时，才有机会登台露面的餐后甜点式读物。凸子和凹子希望能邀请翻开书页的你结伴同行，共同体验一场有记忆点、有代入感，并且有意思的北海道旅行。

这趟旅行不需要护照，也用不上驾照——因为前往的所有目的地周围都有火车站。日本铁道文化盛行，一趟旅行从火车月台开始，在火车站结束，是再自然流畅不过的循环。更何况北海道那些有故事的火车站，本身拿来当作旅行目的地也非常合适。香喷喷的铁路便当和本地特供啤酒 Sapporo Classic（三宝乐经典）已经备好，车轮与铁轨“哐当哐当”的撞击声与窗外风景奏起和弦，凹凸不平的趣走北海道之旅发车喽！

函館 10
帯広 12
KAMUI 14:22 旭川
停車駅 江別・滝川
スーパーおおぞら 15:01 釧路
5·6
7·8
IC
通知
推荐乘火车游北海道，还因为……
能目不转睛地欣赏窗外风景。
偶遇野生小动物的概率大增。
不用担心迷路绕远，能踏实睡觉。
旅行要喝酒（喝酒不开车）。
山路、雪路开车太费劲！

关于凸子和凹子

万物守恒，有气质强悍、事事争当“宇宙中心”的人，就一定会有心甘情愿扮演十八线小喽啰，窝在小世界里跟自己玩儿的人——凸子和凹子就是这么一组十八线小喽啰般的角色。

一个能说，另一个会画，共同特征是爱出门瞎溜达。十八线小喽啰性格使然，溜达的时候不自觉就会避开人群，钻进犄角旮旯。体力特别好（可以背着10公斤行李爬一整天山的那种好），擅长在旅行地图里留下各种匪夷所思的打卡记录。

凸凹爱好清奇。凸子是冷知识拥趸，总能发现很多特别无所谓的问题：绕着皇居☆跑步的人为什么都是逆时针方向？日本大瓶啤酒容量为什么都是不伦不类的633毫升？……凹子酷爱收藏普通人一般不会买的稀奇古怪小玩意儿，家里有个自称为“迷惑玩偶大集合”的角落，最得意的藏品是“翻儿总”——一只翻白眼的熊猫。

☆ 皇居，日本天皇平常居住之所。——编者注

凸凹快答

Q1 出门旅行准备的第一步是什么？

提前半年，预订机票和酒店。

思索带哪只“迷惑玩偶”出门。

Q2 旅途中最在意什么？

能不能按时吃饭。

可不可以每天肠道通畅。

Q3 旅途中擅长随机应变吗？

特别不擅长！所以出发前会反复确认。

人的命，天注定。听天由命呗！

Q4 旅途中什么事情能让你感到快乐？

从当地人那里打听来好玩的地方和好吃的店，然后去过以后发现真的不错！

遇到流浪猫，遇到小松鼠，遇到狐狸大仙，遇到熊……

如果你对这样的凸子和凹子有兴趣，愿意冒险走一趟凹凸不平的北海道之旅，那就接着往下翻吧！

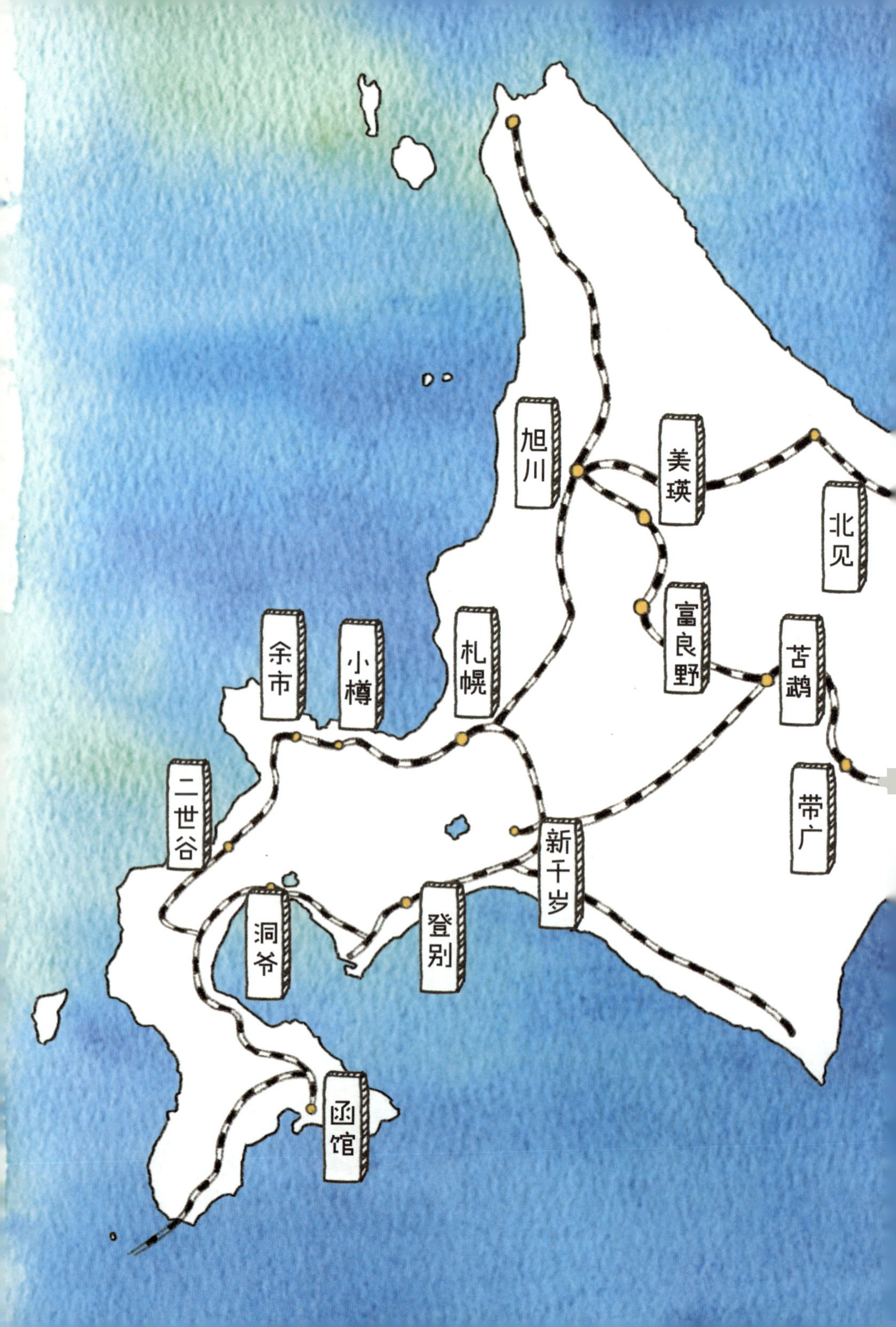
旭川
美瑛
北见
富良野
苫鹉
札幌
小樽
余市
二世谷
带广
新千岁
洞爷
登别
函馆

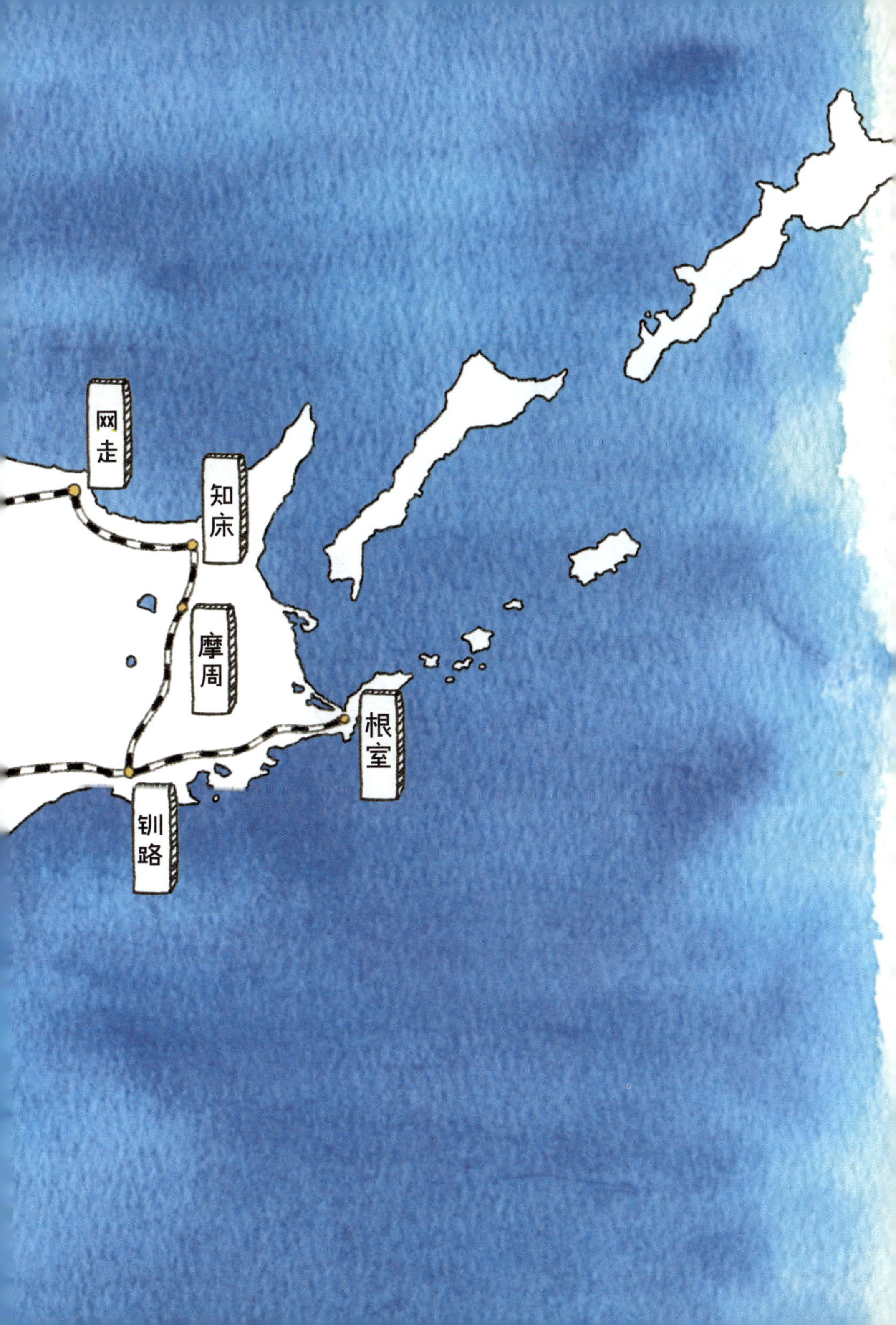
网走
知床
摩周
根室
钏路

北海道概况

北海道位于日本最北,面积约占全日本的五分之一,而人口不到东京的一半。其行政中心札幌是日本第五大城市,吃喝玩乐应有尽有,生活便利性不输东京、大阪。

北海道冬天很长,札幌的初雪在 10 月底至 11 月初就会飘落,积雪来年 4 月末都化不完,整个冬天白雪皑皑,山里的积雪最深可达 4 米。别担心,城里的积雪早被踩实,走在路上不会被埋,只会起飞。

道央·道北·道南·道东

北海道太广袤，以至于常常会被“划片儿”为道央、道北、道南和道东四个区域，以此来区分。宽广的地域以及特色地形导致道内各地气候、气温以及自然环境都有很大不同。比如临近太平洋一侧的几个城市，冬天积雪量其实并不大，而地处内陆的旭川却比“世界尽头”知床还要冷。去哪里，穿什么衣，都需要因地制宜。四季分明的北海道在每个季节都有各自的精彩，跟随凸凹正式出发前，先一起做个功课。

人气旅游胜地四季天气预报

● 平均最高气温（℃）　● 平均最低气温（℃）

	札幌	小樽	函馆	富良野	旭川	带广	钏路	知床
1月	0 / −6	−1 / −6	1 / −6	−4 / −14	−3 / −12	−2 / −13	0 / −10	−2 / −13
4月	12 / 3	11 / 3	12 / 3	11 / 0	11 / 0	12 / 1	8 / 1	9 / −1
7月	25 / 18	29 / 17	24 / 17	26 / 16	26 / 16	24 / 15	20 / 14	23 / 13
10月	16 / 8	16 / 8	17 / 8	15 / 4	15 / 4	16 / 5	23 / 13	15 / 4

年间祭典大事记

层云峡 1月下旬～3月下旬

层云峡温泉冰瀑祭

竖立在石狩川沿岸的冰雕气势磅礴，白天在阳光下晶莹剔透，夜晚会被灯光上色，涂抹得鲜艳又梦幻。活动期间还有冬日花火大会可以欣赏。

札幌 2月上旬

札幌冰雪节

北海道最具代表性的祭典活动之一。每年最冷的日子里，偌大的大通公园“站满”各种巨型雪雕：世界遗产级建筑、卡通人物、未来魔幻世界……不同的主题，同样栩栩如生。

小樽 2月上旬～2月中旬

小樽雪灯之路

夜幕降临，整座小城被暖暖的烛光和雪雕装点，墙角下、积雪中，每一个角落都闪动着微暖的光。小樽变得晶莹剔透，幻化成最美的八音盒。

松前 4月下旬～5月中旬

松前樱花祭

日本北国的春天来得迟些，但并不妨碍她的绚烂。松前城下，1万多株樱花绽放。约250个品种的樱花，编织一场“春梦”。

“北海道大食堂”四季食谱

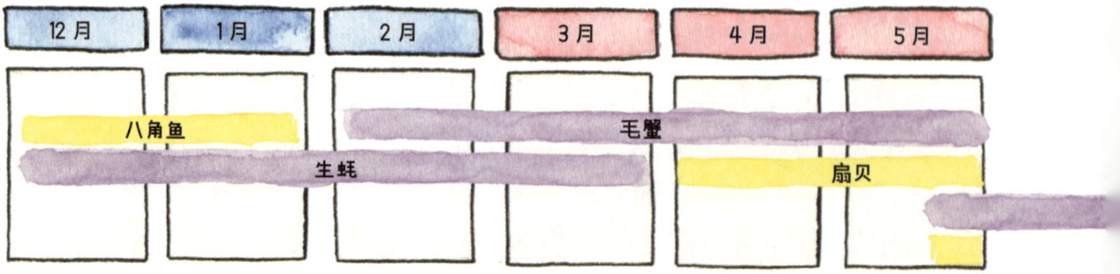

札幌 6月上旬

YOSAKOI 索朗节

YOSAKOI 是源于高知县的传统祭典舞蹈，索朗是北海道民谣，解释起来太长，不如说是“青春”二字。几万人在大通公园组队斗舞，夏天就开始了！

富良野 7月28日~7月29日

北海肚脐祭

在地理位置上，富良野市算是北海道的肚脐，于是这里有了北海肚脐祭。参与者用斗笠遮住头，把肚皮露出来，用颜料画上一张张表情各异的大脸。“大脸们”在街上跳着舞着，可欢乐了。

函馆 8月1日~8月5日

函馆港祭

为了庆祝函馆开港而设立的，是函馆市一年之中最为盛大的祭典。游行队伍独特的舞姿和花火大会，都会绽放成夏天的最美记忆。

阿寒湖 10月8日~10月10日

球藻祭

北海道阿伊努族划着独木舟现身于阿寒湖，并由年长者作为代表，将特别的天然纪念物绿球藻还回湖中。既严肃传统，又很绿色环保。

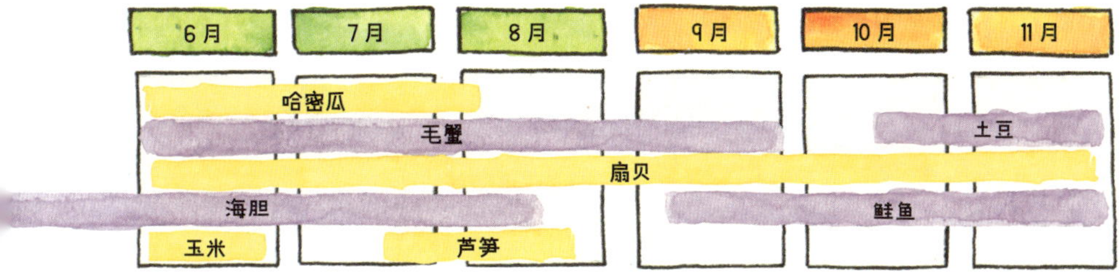

目录

CONTENTS

00. -000 札幌站 DEKOBOKO

凸凹趣走北海道乘车券

出发前

● 不可中途下车 ● 可半路上车 ● 可索要签名

01. -001 札幌站 DEKOBOKO

凸凹趣走北海道乘车券

始发站 → 札幌

● 不可中途下车 ● 可半路上车 ● 可索要签名

02. -039 DEKOBOKO
JR 快速机场号 / JR 函馆本线

凸凹趣走北海道乘车券

札幌 → 小樽 → 余市

●不可中途下车 ●可半路上车 ●可索要签名

03. -085 DEKOBOKO
JR 特急北斗号

凸凹趣走北海道乘车券

札幌 → 函馆

●不可中途下车 ●可半路上车 ●可索要签名

04. -121 DEKOBOKO
JR 特急北斗号 / JR 千岁线 / JR 室兰本线

凸凹趣走北海道乘车券

札幌 → 洞爷 → 登别

●不可中途下车 ●可半路上车 ●可索要签名

专栏

指路

说明：由于无法预测的主客观因素，本书中所介绍的景点及店铺信息有可能出现变更。出发前，请务必另行确认。

始发站 ➡ 札幌

新千岁机场站 ⇨（JR☆快速机场号 · 约 37 分钟）**札幌站**

☆ JR，日本铁道公司集团的英文简称。——编者注札幌是北海道的心脏城市，聚集着全北海道约三分之一的人口。城市中心散落着北海道道政府旧红砖厅舍、时计台等开拓时代留下来的历史建筑。离开市中心奔向郊外，是各种郁郁葱葱、自然风情十足的公园景点和温泉的天下。札幌也是美食聚集地，拉面、成吉思汗烤肉、汤咖喱、寿司以及海鲜料理……有什么北海道美味是在札幌找不到的吗？没有！

第一眼札幌

10 月下旬的札幌， 空气中开始出现白白小小像雪点一样飞舞的虫子。 当地人称它们为“雪虫”。雪虫漫天飘飞的时候，也就离下雪的日子不远了。

从地铁南北线北 18 条站出来，向北海道大学方向走，凸子边走边后悔从东京出来时没有多戴一副手套。头天还在东京穿着单衣出行，这会儿一猛子扎进平均气温已降成个位数的札幌，身体忍不住一抖：“好冷啊！”

十几年前来日本留学的时候，第一次踏入札幌这座城市也是 10 月，第一眼看到的风景犹在眼前：北海道大学北 18 条门附近，红黄枫叶交错，秋色宛如油画般鲜艳。想起当年来机场接机的前辈们说过的话：“札幌冬季漫长，春夏转眼即逝，能看清城市轮廓的季节只有秋天。来对了季节就不要辜负它，入冬前请务必好好享受哦！”谨遵前辈教诲开始享受当下，比如眼前的母校——

俗称“北大”的北海道大学，可是札幌市内著名的赏红叶景点之一呢！

北海道大学虽然是大学校园，但对外来者非常友善。本地人、日本游客和海外观光客每天络绎不绝。跟当年的同级生小静约好一起在学校转转，第一站就从北 18 条门附近的“札幌农学校第 2 农场”开始。

札幌农学校是北海道大学的前身，创建于明治九年（1876 年），比东京大学还要早上一年。当时的日本明治政府从美国请来农畜牧业专家，在北海道开设畜牧学校，从传授基础知识开始拓荒，才有了这些被称为“北海道畜牧产业原点”的农场，美国式样的木造建筑集体出现在札幌。

第 2 农场可以免费参观。牧牛舍、制乳室和谷物库等有着鲜艳红色屋顶的建筑，无论搭配隆冬的雪白、初春的新绿还是秋天的金黄，都很漂亮。让人惊讶的是牧牛舍，屋外空场不知道什么时候摆上了一组奶牛塑像。这倒是方便了游客，去的当天就碰到一群泰国姑娘，围着它们左拍右拍，开心得不得

了。从牧牛舍参观出来经过她们身边时，凸凹跟小静忍不住悄声议论：“唉，要不要告诉她们，北海道大学其实有真奶牛可以拍啊？”

听起来跟笑话一样，但北海道大学里真的饲养了奶牛，就在“北海道大学北方生物圈领域科学中心耕地圈驻地生物生产研究农场”……这么长的名字不用记住，学校里无论老师还是学生，更习惯掐头去尾叫它“北大农场”。在免费分发的北海道大学校区导览图上，这里被标注为“第1农场”。

“北大农场”不对外开放，因此鲜有游客特意经过。不过农场边有条从校外直通校园的近路，赶巧时从这里也能眺望到悠闲自在的奶牛们。小静家住在附近，我们时不时就会收到她发来的奶牛图：“我也好想跟它们一样，每天就只要吃吃吃啊！”

北海道大学的奶牛看起来都不肥壮，也许跟只吃天然牧草有关。记得以前在学校图书馆的资料里看过，北海道大学饲养的母奶牛都有编号，追根溯源，它们都是140余年前日本从美国引进的首批三头荷兰乳牛的后裔，而且这本“牛户口”的记录从未间断过。日本人擅长传承延续，在养奶牛上也发挥得淋漓尽致，实在令人有点意外。

“北大农场”不仅有奶牛，还放牧着跟 “小羊肖恩”同品种的羊群。清晨经过农场还能听见响亮的公鸡打鸣。农场一边车流穿梭，高楼林立，另一边是高大茂密的白杨树林隧道，远眺还依稀能看见藻岩山峦层层叠叠。心底默默盘算：能将自然和现代都市风景融合得完美、没有违和感的城市，除了札幌还有别处吗?

北海道大学校园内有一条纵穿南北的笔直主干道，北起第 2 农场，南至克拉克会馆，全长约为 1.4 公里。在这条曾经穿行过无数次的林荫大道上，凸凹边走边与小静感叹道：“上学的时候怎么没发现学校这么好看！”

因为来对了季节，正好赶上北 13 条门附近银杏大道的盛景。游客们一脸兴奋地拍照留念，本地人则自顾自低头在树下寻找完整、能吃的银杏果，目不转睛，不为美景所动，径直穿过的十有八九是北海道大学在校生，景色和谐得让人笑得合不拢嘴。

“打扰了！”一个东南亚面孔的女生举着手机走过来，手机上英译日的翻译软件显示着她的困惑：“请问大学食堂在哪里？”本想推荐宽敞明亮的北部食堂给她，但银杏大道明显离中央食堂更近。“就在前面左拐走一点点，有一间哦！”听见我们用英语回复她，女生的表情立刻柔和很多，紧接着又抛来了下一个问题：“食堂好吃吗？”

哦，这个问题可不大容易回答。脑海里努力回忆着才在中央食堂花不到 500 日元（约合 30 元人民币）吃的奶酪咖喱饭、秋葵沙拉和猪肉味噌汤的味道，

试图给她一个有参考价值的回答：“还可以。有很多带图片的菜单可以选，而且分量很足，性价比很高！”

其实比起食堂，更让凸凹惦记的，是2018年夏天开进北海道大学的Seicomart便利店。在北海道生活过的人，对这个仅在道内开展业务的便利店连锁品牌不会陌生。北海道某些城市可能没有罗森或者7-Eleven，但绝不会没有Seicomart。进店闲逛，看见HOT CHEF鲑鱼大饭团和哈密瓜冰激凌这几样原来常吃的Seicomart限定产品时，怀念得眼泪都要流出来了。

我们拿了“北大”店限定的铜锣烧，以及北海道特供啤酒Sapporo Classic的秋季限定口味。学校便利店提供酒精饮料，这事儿本身就很令人意外，交钱时被收款小哥要求出示年龄证明就更令人意外了！日本法律规定，不满20周岁禁止饮酒，在便利店买酒通常也会有象征性的确认，但要求出示证件是第一次。虽然心里明知是因为校内买卖酒精查得严，翻钱包找身份证明也很麻烦，但这种确认应该没有女生会觉得不爽吧！

开心地转到二楼，当发现这里可以开“Jinpa”的时候，我们更是激动得想要抱头痛哭。Jinpa 是北海道人对“成吉思汗烤肉派对”的简称。在校园里架炉子吃成吉思汗烤肉，是北海道大学多年的传统，也是在校生的特权，所有“北大”生的回忆里必定有一页属于 Jinpa。本地企业 Seicomart 把生意做出了情怀，二楼光靠追忆流水青春的毕业生，肯定也能高朋满座了。

“时计台果然令人失望！还不如多花时间逛一下北海道大学。”

查资料时在日本雅虎网站看到这样一篇文章，忍不住扑哧笑出了声。说起来，时计台也曾是北海道大学的一部分。如果了解它的起源，就会知道这个曾为北海道大学演武场的建筑其实也很厉害。若硬要从时计台和北海道大学中选一个来逛，那毫无疑问后者完胜。

北海道大学开拓之父
Dr.Clark（克拉克博士）

古河纪念讲堂、原农学部图书馆、综合博物馆以及经常出现在北海道大学宣传册封面的农学院教学楼……北海道大学校内的每座建筑都有能写出一本书那么厚的历史。历史之外，在北海道大学初代教头克拉克博士铜像附近，还有曾作为日本电影拍摄地的中央草坪和萨库西克托尼河边可以坐下来消遣、遛娃，吃个便当，喝个下午茶。如果行程中只能为札幌安排不多的时间，那不如就全部用来参观北海道大学吧。

结束愉快的北海道大学之旅，回到东京不到一礼拜，在 11 月初的某天早上，手机收到了来自小静的短信。这次没有可爱的奶牛照片，只有短短的一行字："札幌下雪了！"

留学记忆
北海道大学农学院
お米
食べ比べ
試験
ダンス
サイクル
招募米饭品尝员！感觉可以蹭饭~
日本东北地区的大米很出名，其实北海道的大米，比东北地区的还要香甜~
但
只给白米饭！
至少配点咸菜呀！
且
同学们每吃一种米饭，都请用茶水漱口哦~然后写下对每种米饭的感受。
淡上加淡……
茶
干饭人！干饭魂！干饭都是人上人！

来札幌的人中，没有谁会错过薄野。不管是聚会吃饭、观光拍照，还是有其他任务，薄野无以计数的霓虹灯中总会有一盏为奔向它的人闪亮！

KIRIN
一番搾り
北海道を
NIKKA

被游客扶正的薄野

薄野位于横穿城市中央的大通公园的南侧，徒步可达。沿札幌站前大街径直向南步行 10 分钟左右，各种攻略介绍薄野时的定番 CUT☆就会出现：巨大的酒商广告，悠然经过的有轨电车，让密集恐惧症患者心跳加速的各种霓虹灯招牌。这里是薄野的入口，跨过人行横道，就是跟东京新宿歌舞伎町比肩而立的“日本三大欢乐街”之一的薄野啦！

印象中“薄野”始终是个区域名，而不是地名，泛指札幌市中央区，南北从南 3 条和南 4 条起至南 7 条，东西由西 2 丁目到西 6 丁目的这一片地方。就好像北京的后海，提起后海，北京人都能给指出个大概位置，但翻地图好像永远找不到这个地方一样。

直到这次故地重游，我们才发现路口竖在红绿灯边上的路牌，赫然标上了薄野的日文平假名——すすきの。

“这里原来挂着的，难道不是南 4 西 4 和南 4 西 3？”以为自己的记忆出了问题，赶忙向同行的朋友求证。“2016 年夏天换掉的哦！说是为了方便游客找到薄野这个观光地。”那年春天，凸子搬离北海道，也难怪会没有印象。

从“官许游廓”起步的薄野，经历了咖啡馆 & 酒吧、PUB & Snack bar☆以及现在的居酒屋餐饮店等几潮兴衰，拥有和札幌这个城市几乎等长的发展历史，就连路口的标志性大广告牌 Nikka 胡须老爷爷（ひげのおじさん）都立了有半个世纪之久。换到其他地方，薄野也许早就拿到了正式身份，在北海道却花了 140 多年。要是没有这几年纷至沓来的游客的助力，薄野可能至今都还只是个模糊的存在吧。

☆ 固定剪辑。——编者注
☆ 酒馆和小吃店。——编者注

灯红酒绿的欢乐街薄野，治安优良，在全日本都很有名，不然也不会每年都在这里安排、举行固定的庆典活动：6 月有 YOSAKOI 索朗节相关活动，8 月是花魁和太鼓登场的“薄野祭”，待到隆冬 2 月又摇身成为札幌冰雪节的分会场……这些都是这个城市的重头戏。

原来住在札幌的时候，遇到大群人聚会必首选薄野。因为即使众口再难调，近 4000 家餐饮馆子里，也总能找出一间合适的来满足所有人。更何况能在凸凹的饮食字典里单独拥有一篇巨长的说明注解的狸小路，也在薄野这一区域呢。

提到狸小路，最先联想到的就是狸小路商店街。凸凹在一般社团法人札幌观光协会的官网上找到了一段非常详细的介绍：

“这是一条位于札幌市中心，东西向约 1 公里的商店街，约 200 家商店鳞次

栉比。自西 1 丁目到西 7 丁目的拱廊全天候营业，下雨、下雪或烈日照射，都丝毫不影响人们购物。此商店街发祥于开拓使时期。1869 年，明治政府在札幌设置了‘北海道开拓使’，当时，在现在的狸小路 2 丁目、3 丁目周边开始出现了商家与饮食店。1873 年左右，这一带开始被称为狸小路。在拱廊内，新旧店铺聚集，还有土特产商店和卡拉 OK 歌厅等，吸引了很多观光客。充满活力的商店街，让人一步一个新发现。”

唯一要补充的，是关于“狸小路”这个名字的由来。这可是当年打零工做导游时，前辈们叮嘱过一定要讲的知识点呢！

相传，一到晚上，这里就会有狸猫成群出现，化身巧舌如簧的游女。被她们盯上的男的，一夜之间就会变得倾家荡产、身无分文。因为狸猫聚集得太多了，所以这条街就被叫成了狸小路。

由来真假难辨，但狸小路快要变成“狸猫一条街”倒是实打实的亲眼可见。游客和药妆店聚集的 5 丁目和 6 丁目，各种狸猫摆件应接不暇。日本人擅长将一切卡通化，再加上狸猫本就是象征生意兴隆的吉祥物，狸小路商店街越来越二次元的趋势应该是无法逆转了。

结束在 5 丁目、6 丁目附近的采买，隔着马路望一眼狸小路 7 丁目，如果没有绝对要访问的目的地，昏暗的 7 丁目乍一看实在不怎么吸引人。

5丁目路边坐镇着被本地人称为“狸神社”的本阵狸大明神社。供奉的地藏狸猫像的八个部分各代表“一德”，路过时记得“摸拜”～

这里的拱廊透风，照明的灯光也要比其他丁目暗好几档。而 8 丁目干脆连拱廊都没有——按照《札幌狸小路涂鸦》（さっぽろ狸小路グラフィティー）这本书里的说法，这是 8 丁目的土地所有者们没有点头答应平摊拱廊修建费用的缘故。

几年不见的 7 丁目和 8 丁目依然如故，完全没有被其他丁目开发崛起的快节奏带起来。“新鲜空气”（フレッシュエアー）门口，照旧是被堆成山的二手老唱片堆得满满的；夹在楼间细缝中的成吉思汗烤肉店 Arco（ジンギスカン アルコ），继续延续着不到开业时间绝不让你找到其神秘面孔的传统，只有 8 丁目的创作中华“GRIS”和法国食堂“Quenelle”，因为被某轮胎点评☆相中，现在预约变得略微困难。

☆指米其林餐厅指南。——编者注

如果你可以为一顿饭行走天涯，那错过 7 丁目、8 丁目基本等于没有来过札幌；但若只想买买东西、看看热闹，就没有必要浪费有限的旅行时间了。狸小路 7 丁目、8 丁目宛如一个固执的中年人，远离大众流行圈，专注于自己的兴趣与爱好中不能自拔。与这样的中年人相处需要耐心和理解，对这两点都有信心的朋友，欢迎来试试看！

一日食记，吃透札幌

住在札幌的时候，最经常被国内朋友问的一个问题就是：“那里有什么好吃的？”出现次数远高过“好玩的”和“好看的”，甚至排在“好买的”之前。没路的地方走的人多了便成了路，同样的问题回答几年，也能在心里生出一本“大众点评”。这次就把凸凹点评按一日三餐梳理一下，为各位的“吃吃之旅”提供一份参考菜单。

札幌的“好吃的”，必须从早饭开始吃起。

如果偏爱海鲜寿司，不妨早起去“札幌早市”（さっぽろ朝市），蹲守一下凌晨才从隔壁札幌市中央批发市场运来的鱼生。

不要被“早市”这个翻译迷惑。札幌早市不卖菜，它更像拆迁前的东京筑地场内市场，主要消费人群是每天进出的市场工作人员和进货采购的餐馆大厨。

早市里的餐馆近水楼台，隔壁就是整个北海道的生鲜流通枢纽——札幌市中

央批发市场。原料不仅新鲜，价格更便宜到让人想原地起舞：“丼兵卫”（丼兵衛）的海鲜散寿司饭（海鮮バラちらし）500 日元；“鱼河岸 Hikari 寿司”（魚河岸ひかり寿司）的市场寿司（市場寿司）10 贯 1200 日元。海鲜甜香鲜美，醋饭饱满丰盈，就着味噌汤咽下……美美地撑到中午没问题！

初来乍到的人走进札幌早市需要些勇气，但地点并不难找——近在咫尺就是游客熙攘的札幌场外市场。不过要注意时间：札幌早市周三和周日固定休息，偶尔还有临时休假。大多数店铺午时关门，过了早上 8 点基本就与便宜大碗的数量限定美食无缘了，那时候就随便找家店进去点个爱吃的吧，保证也比其他地方便宜、新鲜。

大徳食品
タキモトフーズ

160

¥390
¥680
(株)田口水産
(株)田口水産

午餐要给高碳水、高脂肪留出一席之地，因为即使热量爆表也还有下午可以消化。吃无杂念，先来一碗浓香的札幌拉面暖暖胃吧。

札幌拉面几乎等于味噌拉面。猪棒骨熬汤做底，佐以味噌酱调汁。面中粗带卷，保证挑起时能挂汤。菜码除了叉烧肉、竹笋和葱这些日本拉面必备之物，还不能少了热锅快炒出来的卷心菜、洋葱和豆芽菜。端上桌时汤头闪烁，这是保温用的猪油在发光——没有螃蟹腿也没有黄油和玉米，札幌拉面的“素颜”其实很朴素。

提到味噌拉面，肯定绕不过“纯 SUMI 系”（純すみ系）这一站。这个词全称为“纯连 SUMIRE”（純連すみれ），是札幌千余家拉面店中最强大的一个支流，在本地无人不晓。日本人现在对于札幌味噌拉面的味觉印象，就主要来自纯 SUMI 系的定义。

纯连和 SUMIRE 皆为店名，源起于同一家。这两家的相关店铺，以及在此修行后独立的拉面店，都可算入“纯 SUMI 系”。它们的共通点在汤头：用炒锅炒过的底味层次分明又浑然一体，油香而不重，比例和谐。人们一边默念着高脂高盐得少吃，一边连汤带面吃得一干二净。

纯 SUMI 系的店铺在札幌有很多，除了纯连和 SUMIRE 本家，还有必排队的“面屋彩未”（麺屋 彩未）、“味噌拉面专门店狼汤”（味噌ラーメン専門 狼スープ）等名店云集。冬天送一碗纯 SUMI 系的味噌拉面下肚，元气注入，哪怕遇到再冷、再厚的积雪，也有信心把它给融化成养人的温开水。

1955 年诞生伊始就很好命地被杂志《生活手帖》的时任主编吃到，并在杂志上被介绍，味噌拉面在酱油拉面和盐味拉面一统天下的拉面界辟出一片新天地，成为札幌拉面的绝对代言人。当年人人称赞的创新口味放到现在已略显寡淡，不过无所谓，因为让味蕾站到味噌拉面味道起点的仪式感才是来这里的主要目的。

约日本人吃咖喱，如果被反问“哪一种”，那么这人十有八九来自札幌。因为全日本只有札幌才会将咖喱分成两种：普通咖喱和汤咖喱。作为来札幌必吃榜上的主力，汤咖喱这道介于日式咖喱、印度和东南亚咖喱之间，蔬菜、汤羹、米饭齐备的料理，也很适合当作午餐的备选。

汤咖喱店铺多集中在札幌市中心，找起来要比那些酒香不怕巷子深的拉面店容易得多，北海道大学附近和薄野商圈都有不少好店。汤分清淡和浓厚两派，辣度和蔬菜搭配皆可自选，可谓“一人一味”，两个人明明坐进同一家店，

却吃到完全不同的味道，这种事再正常不过。

如果是汤咖喱初尝试者，不建议挑战挑人的创新味道，从下面这些绝对的名店里挑一家，去尝尝最接近汤咖喱原始定义的正解才是上上策：咖喱食堂心（カレー食堂 心）、Picante（ピカンティ）、汤咖喱 DOMINICA（スープカレー ドミニカ）、Bem Bera Network Company（スープカリィ ベンベラ ネットワークカンパニー）。

汤咖喱点餐大法

吃汤咖喱时, 你会遇到一张这样的菜单。

别慌! 跟着凸凹点单即可。

①② ③④⑤

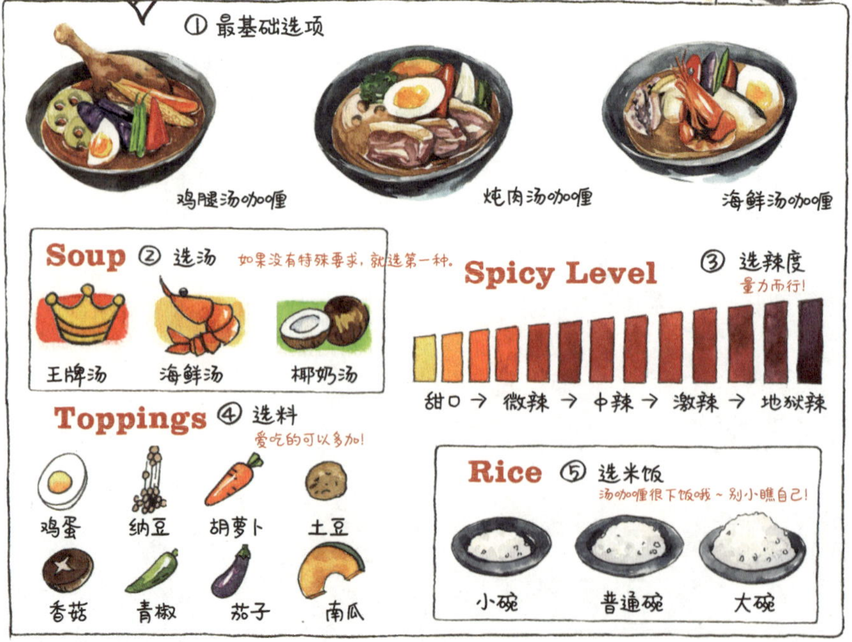

顺便说一句，汤咖喱的辣是实打实的香辛料的辣。通常店家会用数字标出辣度等级，微辣和中辣完全够普通人过足辣瘾。需要额外加钱的辣真的特别辣，不想第二天受罪的话，建议别尝试。

晚餐需要啤酒和肉，肉当然以羊肉为佳！就像北方人有事没事都爱聚在一起涮羊肉一样，札幌人的生活里也少不了成吉思汗烤肉这道硬菜。五月赏樱、八月海边游泳、无论何时的聚餐……札幌一年四季羊肉飘香。

成吉思汗烤肉用的羊肉，既有羔羊也有成年羊。跟道民约吃成吉思汗烤肉，很多时候说完店名你还得追加解释一下流派：按照地域不同，北海道有先腌再烤以及烤后蘸酱两种。札幌店铺大多提供的是后者。

菜单精简得几乎不用翻译：羊肉、豆芽菜和洋葱。烤肉有专用的半拱形铁锅，锅热后先刷一层油防止粘锅，再把羊肉从铁锅正中心顺次铺开，随烤随吃。肉烤到七八分熟微微留红为佳，蘸酱轻咬，让肉汁在口中开花，不膻不腻，味道甚好。吃完一茬儿，放在锅边的蔬菜也正好被肉汁温熟。用豆芽菜清一下口添杯啤酒，就又可以再战下一轮了！

成吉思汗烤肉基本不存在烹饪环节，所以只要肉质新鲜，随便哪家就都不会难吃。喜欢鲜嫩羔羊口感的可以试试 Fukurotei（ふくろう亭），这里的羊肉肠和羊舌是特色。当然还有永远排队的成吉思汗 DARUMA（ジンギスカンだるま），肉用的是传统的成年羊，不过肉质足够嫩，再配上特制蘸酱，好吃得让人不想走。

吃成吉思汗烤肉唯一要考虑的就是衣服：吃完以后浑身油烟味难消，走在街上宛如一盘行走的烤羊肉。大快朵颐之前，请为自己准备一身好洗的行头。

成吉思汗烤肉

“成吉思汗”专用
半拱形铁锅

烤肉也是讲究顺序哒。

首先要荤素搭配！

~~只吃肉~~

①

把蔬菜沿铁锅边缘堆一圈。一来正好接住烤肉流下来的汤汁；二来蔬菜受热慢，先加热一下更易于入味。

②

把羊肉在铁锅中心顺次展平。烤到肉鼓起来了，翻面再烤几秒就行。烤老了，肉硬不好吃！

③

主食可以搭配米饭，讲究的日本人不会把肉堆进米饭碗里。但凸凹都觉着肉拌饭更好吃。

札幌篇

六花文库

没错，是大家熟悉的那个六花亭的六花。不过这里没有吃的，只有约 8000 本与吃有关的藏书。在暖炉前的沙发或是舒服的单人座坐定，点杯咖啡，翻半天书，旅途中能有这样的片刻也不错！

地址：札幌市南区真驹内上町 3-1-3

丰平峡温泉

第一次拜访是因为听说馆内“温泉食堂”的印度咖喱和抛饼特别好吃，去过后发现温泉也很棒。地点在札幌后花园定山溪，是一处不住宿也能享受的日归温泉。由专业园艺师设计的露天汤池与自然风景相融合，就连每块石头的摆放都很有讲究。地下涌出的温泉直接进汤池，泡出来的皮肤跟刚剥壳的鸡蛋一样滑溜溜！

地址：札幌市南区定山溪 608-2

SATURDAYS CHOCOLATE(星期六巧克力)

创成川东区是近年变化最大的地段，各种建筑和精致小店如雨后春笋般涌现。星期六巧克力就是其中的一棵笋。札幌的这间原创小店“Bean To Bar”，除了不种豆子，包办了把生可可豆加工成巧克力板的全套流程。添加原料极少，用一只手数都有富余，巧克力包装纸精致得叫人舍不得扔，跟越来越漂亮的创成川非常搭。

地址：札幌市中央区南 2 东 2-7-1 SALMON 1F

札幌奥林匹克博物馆

位于大仓山滑雪跳台竞技场边的博物馆，展示着 1972 年札幌冬季奥运会的相关资料以及选手参赛时用过的器具器材，最好玩的是竞技模拟体验。先去邻接的竞技场实地领教下高度，再来这里以选手视角过把跳雪的干瘾，保证一跳入魂。

地址：札幌市中央区宫之森 1274

莫埃来沼公园

公园设计来自日本雕塑家野口勇，占地 1.89 平方公里的大公园遵循“整体为一件雕刻作品”的理念打造而成，无论从哪个角度打量都有看点。展示于自然中的艺术作品表情随时在变，老少咸宜，值得花时间驻足细品。

地址：札幌市东区莫埃来沼公园 1-1

白色恋人公园

北海道必买伴手礼“白色恋人”巧克力饼干的生产工场。有朋自远方来的时候，只要拉来这里，无论老少都不亦乐乎。生产线参观、老物件展示、动手制作、主题餐厅等各种体验五花八门，每逢节日还有应景装饰和活动，把工场经营得跟小游乐场似的地方，大概也只有这里了。

地址：札幌市西区宫之泽 2-2-11-36

本地便利店 Seicomart

橘色招牌就是 Seicomart，俗称“SECOMA”，是道民最爱的便利店。日本主妇通常不会去便利店买东西，但道民主妇会去 SECOMA，因为东西亲民，价格便宜。游客也喜欢这里，因为很多北海道特色商品都是其他地方没有的。一直觉得，SECOMA 的定位更像小时候见过的副食店。

地址：札幌市内各处

凸凹推荐行程

大通公园、时计台、札幌啤酒园、羊之丘展望台……主要景点打卡结束后，还可以像本地人过周末一样，从行程中抽出大半天的时间，去札幌的富人区圆山一带，逛公园、喝咖啡、吸绿氧、看夜景哦！

北海道神宫
11:30

北海道神宫，拜拜求平安。1862 年创建的神社，是本地人元旦“初拜”首选地。四季景色宜人，逛一逛，神清气爽。

圆山公园
12:30

圆山公园是非常大的一片原始森林，北海道神宫、棒球场、田径赛场和动物园都属于公园领地，也是札幌市内最出名的赏樱地。森林里栖息着松鼠和各种野生鸟类，圆山海拔 225 米，可以爬上去俯瞰札幌全景。

回转寿司 toriton 圆山店
17:00

返回圆山站。如果天气晴朗，可搭巴士去藻岩山，奔向山顶展望台看橘色街灯闪烁的“日本新三大夜景”之一——札幌夜景。对夜景没兴趣的话，干脆从圆山站走10分钟，去寻找札幌最具人气的“回转寿司toriton圆山店”吧。

藻岩山观景

圆山站周围分布着众多小而精的杂货店。商品大多是店主根据个人喜好收集而来，重样的很少，拿在手里看看也是一种收获。

圆山散步
15:30

圆山公园站
10:30

抵达地铁圆山公园站。在附近悠闲地吃个早午餐，或者去当地人气面包店等待新鲜出炉的面包，拿去公园吃。

木造民家森彦，咖啡甜品补给站。这大概是北海道最出名的咖啡店了，道内深度烘焙的风就是从这里刮起来的。由70年前的老房子改造而成，小小的，很可爱。

森彦咖啡
14:30

逛逛

北海道大学

地址：札幌市北区北 8 条西 5 丁目

Seicomart 便利店北海道大学店

地址：札幌市北区北 11 条西 7 丁目

狸小路

地址：札幌市中央区南 2~3 条西 1 ~ 7 丁目

新鲜空气

地址：札幌市中央区南 2 条西 7 丁目 1（狸小路 7 丁目）

札幌早市

地址：札幌市中央区北 12 条西 20 丁目 1-20 丸果大厦 1F

二条市场

地址：札幌市中央区南 3 条东 1 丁目

尝尝

成吉思汗烤肉 Arco

地址：札幌市中央区南 3 条西 7 丁目 3

创作中华 GRIS

地址：札幌市中央区南 2 条西 8 丁目 5-4 4F

法国食堂 Quenelle

地址：札幌市中央区南 2 条西 8 丁目 6-4 鸟居大厦 1F

井兵卫

地址：札幌市中央区北 12 条西 20 丁目 1-20 丸果大厦 1F

鱼河岸 Hikari 寿司

地址：札幌市中央区北 12 条西 20 丁目 1-20 丸果大厦 1F

面屋彩未

地址：札幌市丰平区美园 10 条 5 丁目 3-12

味噌拉面专门店狼汤

地址：札幌市中央区南 11 条西 1 丁目 5-1 Takairebuhaimu1F

味之三平拉面

地址：札幌市中央区南 1 条西 3 丁目 2 大丸藤井中央大厦 4F

咖喱食堂心札幌本店

地址：札幌市北区北 15 条西 4 丁目 CityHaimuN15

汤咖喱 Picante

地址：札幌市北区北 13 条西 3 丁目 Acroview 北海道大学前

汤咖喱 DOMINICA

地址：札幌市中央区南 5 条西 3 丁目 8N Grande 大厦 4F

Bem Bera Network Company

地址：札幌市中央区南 2 条西 7 丁目 M's space1F

成吉思汗 DARUMA 本店

地址：札幌市中央区南 5 条西 4 丁目 Crystal 大厦 1F

札幌 ➔ 小樽 ➔ 余市

新千岁机场站 ⇨（JR 快速机场号 · 约 1 小时 25 分钟）小樽站
札幌站 ⇨（JR 快速机场号 · 约 34 分钟）小樽站
小樽站 ⇨（JR 函馆本线 · 约 24 分钟）余市站

小樽与函馆齐肩，是北海道内拥有悠长历史的城市之一。小樽的发展从日本江户时代后期起步，作为重要港口城市一步步走向荣耀最高峰。这份繁荣经过大正时代，延续至昭和时代前期，历史烙印留在了现在市中心的建筑物，以及大众的饮食文化中。玻璃、甜品和海鲜，是小樽行的关键词。尤其是海鲜，海港城市小樽近水楼台，打捞上来的鱼生能在最短时间内运进店内，载在醋饭上变成寿司上桌。不大的城市里拥有 100 间以上的寿司店，各家有各自的绝招儿，可尝！

《情书》背后的小樽

小樽行是一趟三人行，凸凹之外，还有小樽出身的朋友小林。去之前给小林留作业，请她带路去看旅行书没介绍过的小樽。小林面露难色：“乡下，什么都没有。”日本人谦虚，拿精心挑选的礼物送人时也会说“不是什么好东西”，小林一定是在客气。

我们约在札幌站见面。从这里出发搭乘JR快速机场号或者函馆本线直达小樽，车次很多，基本不用查时刻表。唯一需要费些小心思的，是在车上寻找一个靠行驶方向右侧的座位：因为这样才可以在经过钱函站后，将窗外近在咫尺的石狩湾海景尽收眼底。

小樽车站有昭和感，很复古，月台红砖墙上挂着煤气灯，沉稳厚重的氛围让来去匆匆的旅人可以停下来喘口气。建于1934年的车站楼，采用了那个年代最流行的设计：四方形占据中心，左右延伸出细长的翅膀。端正，充满对称美的造型，与同时代前后建造的东京上野车站，以及大连车站如出一辙。

4
おたる
OTARU

“你好吗？我很好。”走出车站的瞬间，电影《情书》的这句台词就开始在脑海中萦绕。小樽、《情书》和藤井树是青春时代种下的“草”，不定期就要来拔一下。像以前每次来小樽一样，凸凹出站后径直迈向色内十字路口，幻想着能偶遇寄明信片的藤井树。

默默同行的小林，热情程度明显和我们不在一个水平上。凸凹甚至怀疑，她是否看过这部几乎跟她同龄的电影。

“《情书》吗？上中学时，学校组织看过，还做过课题讨论，讨论该怎么把取景地合理排序，串成一条有小樽特色的观光路线。”
“所以讨论的结果怎么样？”
“只记得我在的那组花了很长时间讨论‘什么是小樽特色’。”
“是什么呢？”
“勉强说的话，就是历史建筑比较多一些吧。”

现在看起来很像札幌后花园的小樽，也曾拥有辉煌耀眼的黄金时代。从明治时代中期到昭和时代初期，煤炭运输业和鲱鱼捕捞业的繁盛发达，助力小樽

树立起道内首屈一指的海港商业都市形象，建造出北海道内首条铁路旧国铁手宫线，以及被称为“北方华尔街”的银行建筑群。

这些融合日本当时的尖端设计理念与北海道地域特色的基础设施建设，对于开拓历史不长的北国大地而言极为珍贵。即使在其原有功能不复存在的现代，经过改造修缮，它们也是小樽引以为傲的旅游观光资源。

我们的目的地，藤井树投递明信片的复古版邮筒，就位于“北方华尔街”尽头的小樽邮局门口。影片里竖在车道边的邮筒，现实中被摆放在了更安全的人行道一角。朱红色、圆圆的造型憨态可掬，比立在它对角，更普遍、更常

见的巨大方形邮筒看起来可爱得多。“离开小樽以后，才发现圆形邮筒很少见，”小林说，“这是不是也算小樽特色了？”

当然算啦！广袤的北海道总共才有133个圆形邮筒，其中有23个分布在小樽，数量位居道内第一。即使去掉《情书》这层凄美忧伤滤镜，能在满城的湛蓝色中寻觅到如此怀旧可爱的一点红，也是件让人心情愉悦的事。

圆形邮筒设计案诞生于明治四十五年（1912年），于昭和时代的1949年—1970年得以推广，仍在使用中的圆形邮筒大多为这一时期铸造的。圆圆的造型虽然可爱，但有限的容量跟不上需求的增长速度，20世纪60年代起逐渐被方形邮筒取代。全日本现有的18余万个邮筒中，圆形邮筒所占比例仅为3%。这也难怪连日本人见到这个圆家伙，都忍不住要大呼“昭和复古！超可爱！”了呢！

邮局距离游客来小樽必逛的堺町大街已经很近了，这也是小樽观光讨喜的优点：主要景点集中，徒步可达。三个人谁都没有买纪念品的打算，但还是心照不宣地拐去了大概是小樽人口密度最大的区域。

从“北方华尔街”到童话十字路口，长约 7.5 公里的堺町大街上店铺一间挨着一间，精致的玻璃工艺品、八音盒、甜品店、复古风咖啡店，还有最近几年如雨后春笋般涌现的药妆店，全是诱惑人散财的“陷阱”。“如果时间有限，只能逛一间店，你会去哪里？”凸凹问小林。“北一硝子三号馆吧！毕竟那是小樽最出名的玻璃店。”

小樽是座“玻璃城”，巧夺天工的玻璃制品已成为城市名片一般的存在。追根溯源，为小樽和玻璃画上等号的便是北一硝子。而且眼前的观光大街堺町，也是因为北一硝子率先在此驻扎开起“三号馆”，才引来其他店铺效仿并逐渐热闹起来的。

由石造仓库改造而成的北一硝子三号馆，东西多得把眼睛挑花，逛累了还能在挂满玻璃灯的咖啡厅小憩。日本人一日三餐离不开酱油，北一硝子的玻璃酱油瓶因为瓶口密封性好，在日本国内游客当中人气颇高。

不过北一硝子对常客吸引力有限，实际上在抵达北一硝子三号馆之前，我们就拐进了 LeTAO PATHOS——这才是来堺町凑热闹的真正目的。做奶酪蛋糕起家的 LeTAO 已是无人不晓的大牌甜品店，光是堺町大街上就有 4 家主题各异的店铺。PATHOS 是其中面积最大的一间，上下两层逛起来非常过瘾。

进门立刻左转，散发着淡甜香气的玻璃柜台里，摆着 PATHOS 限定的布丁、蛋糕还有冰激凌，浓郁的高热量诱惑肾上腺素一路飙升。北海道的奶制甜品从不会出错，口味淡这种遗憾基本不存在。“现在也就只有买西式糕点，才会想起来堺町逛逛了。”小林挖着布丁一脸幸福地说。

昆布
利尻屋みのや

妈妈寄存处
海带专卖店
请妈妈坐下休息
免费品尝海带茶
オーサム昆布研究所
OSAMU KELP LABORATORY

七日食べたら
鏡をごらん
海鳴楼

福
福

LeTAO

Corn cookie
豪快
さあ、テーブルを囲んで。

凸子是日式糯米团子“大福”的忠实拥趸，被小林这么一提醒，才意识到以前常去的几间糯米和果子店，都离观光区有些距离：JR 南小樽站附近的“雷除志古”（雷除志ん古）和“菊原饼果商”（菊原餅菓商）、花园町的“TSURUYA 饼果子铺”（ツルヤ餅菓子舗），以及入船町的“景星饼果商”（景星餅菓商）……这些历史皆在百年以上的老店，也算小樽的饮食文化特色之一。毕竟，不是每个日本城市都有这么多专做糯米生意的和果子店的。

老店店名共通的“饼果”（餅菓），特指以糯米为原料的和果子。饼果吃起来豪放，不像其他和果子那般讲究吃相，直接上手塞进嘴里，香甜软糯，还很管饱，是百余年前忙碌进出小樽海港城的人的首选营养补给。繁盛时期，小樽的“饼屋”（餅屋）——制作和贩售饼果的专门店——栉比鳞次，生意兴隆。这其中的一小部分历经大浪淘沙，经营到了现在。几间老店相距都不远，非常扎堆儿。不禁让人猜测，小樽曾经的闹市区或许在这儿？

凸凹甜品铺

大福饼和团子等饼果，在制作过程中少不了“打年糕”的工序。这道工序通常会在清早完成。当天打的年糕当天食用，生产日期即赏味期限，在和果子中被分类为“朝生”。因为保质期短，饼屋基本只做本地人的生意，所以在游客密集的堺町难寻踪影也就不奇怪了。

堺町和小樽运河附近是游客的天堂，在这附近遇到本地人的概率很小。小林说："我的本地朋友，不是住在山坡上就是住在海边。"小樽三面环山，唯一没有山的一面就是海。爬坡在电影中是浪漫，因为城市透过镜头显得立体丰满，但现实中的我们决定选择安逸："小林，我们一起去看看海吧！"

离开运河，热闹的人群褪去，就能看到小樽的海最原始的模样了。四周被巨大岩石包裹，清澈的蔚蓝色蜂拥而至。我们去了小林在学生时代常去的海边，小小的一片海滩，周围散落着几间民宅——听说其中一间住着她的高中同学。"小樽真的什么都没有。"小林又开始念叨她一路都在重复的台词，"跟本地朋友约见面，我们都约在某便利店。不说地点也不会走错，因为就只有那么几家而已。换作札幌，一个路口就有好几家，约在便利店会被认为是恶作剧吧。"

带着从便利店买的零食饮料，我们散坐在没人的海边，听小林聊缺这少那的小樽。其实，我们一路已看到很多只属于小樽的特色，比如眼前的大海，凸凹已经想不起上一次见到如此通透的海是什么时候了。要让凸凹说，小樽“没有的”只是花里胡哨的热闹，但这难道不是小樽铅华洗尽后最大的魅力吗？

跟着鲱鱼去旅行

海港城市随处都是鱼。如果用一种鱼来描述小樽，那一定就是鲱鱼了。

鲱鱼在日语中多用片假名“ニシン”，写成日语汉字为“鰊”或“鯡”。后者和汉字“鲱”很像，相传是因为其在江户时代地位高贵，“不是鱼，是海产大米”（魚に非ず、海の米なり）。鱼非鱼，于是成了鲱鱼。小樽作为城镇发展起来的重要基石，便是由莫可指数的海里的“大米”，以及陆续从日本各地涌来“捞米”的渔夫奠定的。

从 JR 小樽站出来，搭上小樽水族馆方向的公交，30 分钟后抵达终点站小樽水族馆。虽然水族馆的脱力系☆企鹅秀非常治愈，又好笑，但凸凹这趟为鲱鱼而来，只好割爱，径直绕到水族馆后面的山坡，开始全力爬坡，朝祝津全景展望台（祝津パノラマ展望台）前进。

☆ 脱力系，指恰到好处地集结各种恶搞元素，让人感到放松和愉快的一种风格。——编者注水族馆所在的这一区叫作祝津，位于小樽市北端，曾是横跨江户、明治、大正、昭和四个时代，繁盛一时的渔村。10 月底的展望台尚未积雪，但像小刀一样凌厉的海风已使人不得不将衣角拉得紧紧的。海浪、硬石、无边的海平线和间或从水族馆传来的海狮叫声，将小樽作为北国城市的豪迈面相尽展无遗。与宫崎骏动画电影般浪漫的运河周边截然相反，形容酷酷的祝津，只有“世界尽头”与“冷酷仙境”这种冷冷的词汇才贴切。

展望台东侧的石狩湾海景完全没有遮挡，日出日落时金光普照，美不胜收。微微前凸的高岛岬上，竖立着北海道灯台历史第二长的日和山灯台，以及接下来要去看的小樽市鲱鱼御殿（小樽市鰊御殿）。

小樽市鲱鱼御殿落成于明治三十年（1897 年），由靠鲱鱼致富的“渔老大”田中福松花费 7 年时间搭建，作为田中一家以及手下渔夫的居所兼作业场所。最初的建筑地为距此车程约 1.5 小时，一个叫作泊村的地方，1958 年搬来祝津。20 世纪 50 年代后期也是鲱鱼捕捞业陷入长期低迷的开始，不晓得是否因为眼瞅着辉煌一世的建筑破败难受，当地人才将“田中福松府邸”（旧田中福松邸）请出，改成了今日的小樽市鲱鱼御殿。

经过一个多世纪风吹雨打的鲱鱼御殿，看起来仍然既元气又豪气。红顶白墙用蓝天做衬，典型的北海道风格民宅建筑，非常适合拍照。上下两层占地面积共 611.9 平方米，全盛时期曾收纳 120 余名渔夫下榻。内部展示以实物和图片为主，将北海道鲱鱼捕获业的兴衰娓娓道来，即使语言不通也能理解个七八分。

理解不了也没关系，因为光是在里面借衣服、借景拍照这一个项目，也足够赚回 300 日元的门票钱。渔夫装扮和二楼的阁楼极其日系小清新，在没人的地方随便按下快门都能出大片儿。

变装纪念照

漁夫寝室
寝 棚
田中漁場で雇人漁夫
120名が寝泊まりした
ところです。

逛完“渔老大”的豪宅出来，忍不住开始搓手窃喜，因为终于要去拜见鲱鱼本尊啦！返回来时，在下车的公交车站，闻着烤鱼香就找到了“民宿青塚食堂”（民宿 青塚食堂）的门脸。青塚食堂由当地渔民自己经营，推荐这间店给凸凹的小樽朋友对它的评价是：“特别新鲜！”昭和风外观，敞亮通透的店内空间和简单朴素的菜单，都与“食堂”这个称号相得益彰。

来日本“食堂”要点定食（固定套餐），来祝津的食堂必须尝鲱鱼定食。瞅准菜单第一页上的特大烤鲱鱼定食（特大にんし焼き定食），毫不犹豫地叫来店员：“请给我一份这个定食，以及八角鱼的刺身。”八角鱼属于冬天，是小樽一带特有的鱼种，生食刺身这种产地限定美味当然不能错过。

鲱鱼在店门口经炭烤而成，端上桌时能嗅到香喷喷的烤香味，巨大的鱼身挤得盘子里的空间略显局促。一筷子下去，蒜瓣肉应声而起。再一筷子杵到鱼肚子，扒拉开居然露出满满的鱼子！

左一筷子，右一筷子，杵来了正好经过餐桌的店员大叔的注意。“哎！把筷子给我。”虽然不明白大叔的来意，但凸凹还是顺从地上交了筷子。只见大叔左手按住鱼头，右手拿筷子顺着鱼骨轻拨几下，不过几秒钟的工夫，便利落地让整条鱼骨肉分离。这是典型的日本人吃鱼的方法。“这样吃才痛快啊！”大叔心满意足，拎着鱼骨离开，留下一大盘子蒜瓣肉和瞠目结舌的凸凹。

烤鲱鱼定食

在日本吃烤鱼的正确打开方式

日餐中常见的烤鱼
怎么才能吃得既干净又好看？

①

基本原则：从上向下吃，
从头向尾吃。

先用筷子把
鱼从中划开。

②

③ 先吃上半，再吃下半。

④ 吃完 A 面再吃 B 面。

此处！难点！

唯一可以上手的机会哦！

⑤ 连头带尾把整个鱼骨拆解下来，
放在盘子前端。

⑥ B 面同样先吃上半，再吃下半。

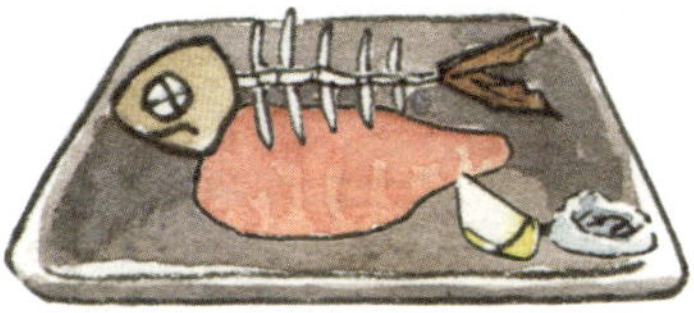

⑦

讲究的人，吃完后还会
把鱼骨对折，放在盘子
的左上角，让整个盘子
干干净净。

八角鱼端上桌的时候，一路伴随着邻座艳羡的目光。摆盘极其立体，冰莹剔透，鱼身写满新鲜。蘸上些许酱油送入口中，味道清淡、肉质Q弹。若不是顾及下面的行程，真想再追加一壶热清酒配它，让嘌呤见鬼去吧！

日本人吃东西讲究“旬”，在意食材的季节感，放到海鲜类上基本就是指膘满肉肥、最好吃的季节。祝津鲱鱼的“旬”是每年2月到3月中旬，正值产卵季的鲱鱼从头到尾肉质肥美弹牙。掏出手账记下一笔，来年春天必须来尝尝这诱惑的味道！

紧挨着小樽的静谧小镇余市，面朝日本海，春暖花开。爱喝酒的人会觉得这里是天堂，因为能寻迹探访大名鼎鼎的 Nikka 威士忌的起点，还有广袤无边的葡萄园和酒庄可以逍遥享受。余市还是北海道的“果蔬基地”，当地最为盛产的苹果不仅种类多，还好吃得令人落泪。丰收的季节摘些时令水果，租借一辆脚踏车沿海岸线走走逛逛，沿海小镇的慢节奏生活妙不可言。

小樽 → 余市

余市的苹果、葡萄和酒

在札幌的时候，凸子有一个叫 Yoichi 的同事，他家就住在跟他名字发音一样的余市。每次聊起余市，Yoichi 总会用“我的余市”（俺の Yoichi）开头。日本刚好有一个很红的餐厅系列也叫“我的”（俺の），三拐两拐让凸子牢牢记住了这个城市。

因为每年都能收到 Yoichi 自家种的苹果，所以凸子很早以前就知道，这个从小樽搭电车约 30 分钟就能抵达的临海小镇，盛产苹果。

提起日本苹果，人们通常都会想到津轻海峡另一侧的“苹果县”青森。其实追根溯源，北海道和青森最初的苹果树苗以及栽培技术、时期和出处一模一样。拜访余市时，苹果正当季，去果园采摘就理所当然地成为抵达后的首要任务。

余市是北海道最大的果树栽培地，农耕用地近 80% 种的都是果树，面向游客开放的采摘园星罗棋布，只要稍微离开车站一些就能看到。凸凹要去的山本观光果树园☆，位于丘陵山坡上，因为开设得早且面积大，在当地小有名气。

出发之前做了功课，知道采摘园所在的区域地广人稀，人均种植面积是余市内最大的。但真站到这片占据几个山头的果树园跟前时，凸凹还是吃了一惊。四下寻望，不见围栏。眼瞅着旅游大巴拉来的一整车团体游客，在果园里解散后瞬间不见了踪影。生平头一次担心自己会在采摘园里走丢，凸子赶紧掏出手机在果园入口做了标注。

所谓入口，只是立在山头的一间房子，办理采摘手续，兼售各种水果土产。山本观光果树园不用预约，随到随体验，对游客而言非常友好。交钱，拿上必要工具，就可以开摘了。

“这个季节的话，苹果有三四个品种可以吃。”工作人员把各个品种的种植区画在地图上指给我们，“还有葡萄，也请一定要尝尝哦！”“还有葡萄呢，好担心时间不够用。”工作人员冲凸凹莞尔一笑：“第一次来吧？这里的采摘没有时间限制哦！”

☆ 现更名为 Nitori 观光果树园。——编者注

苹果大鉴定

余市的苹果栽种历史，可追溯至北海道开拓初期，细究起来也是历史超过百年的厚厚一大本。前人栽树，后人乘凉，采摘客凸凹现在只要知道“品种多”和“味道好”就够了。没有时限的水果“食放题”☆，每个品种不尝上一两个怎么舍得离开？

☆食放题，指随便吃的意思。——编者注

如果将余市的苹果比作功成名就的老干部，那“后起之秀”葡萄就是个仕途光明的青壮年。余市以及临近的仁木町，是日本新晋的葡萄酒酒庄聚集地。

因为有适宜的气候、地理条件和果树栽培技术打底，余市葡萄只用不到50年的时间，就从默默无闻变得大红大紫。在余市，仅葡萄酒酒庄现在就有十余处。“余市红酒”也成为旅行必买伴手礼之一。

山本观光果树园的葡萄采摘园，紧挨着酿酒专用的葡萄种植区。专用区的葡萄架只有身高，整齐排列，一望无边。和采摘园的葡萄藤一高一矮，形成鲜明对比。余市酿酒专用葡萄的主流品种为肯纳、茨威格和米勒-图高，偏向跟这里气候条件接近的欧洲系。可惜凸凹到访时已经过了酿酒葡萄区的收获季，不然葡萄满缀的模样应该蛮诱人的。

葡萄酒之外，余市还有一种诱人的酒——扬名国际的 Nikka 威士忌。对于 Nikka 威士忌，酒迷们一定耳熟能详，而不胜酒力的朋友，只要到过北海道札幌，也不会对它感到陌生——薄野十字路口那个巨大闪烁的霓虹广告牌，就是 Nikka 威士忌的商标招牌。日本产威士忌近几年不断在国际上拿奖，让日本成为继苏格兰之后最令人期待的威士忌产区。其中功绩最大的当数酿制 Nikka 威士忌的余市蒸馏所。

余市蒸馏所建于 1934 年，创始人是“日本威士忌之父”竹鹤政孝。和日本大多数酒厂一样，这里也可以免费参观。2014 年下半年开播的晨间剧《阿政》，让剧中原型人物竹鹤政孝及他的外籍妻子莉塔再次走入大众视野，该蒸馏所也因此吸引了很多凸凹这种慕名而来的游客，成为当地最红的观光景点之一。

余市蒸馏所有免费日语导游参观，时长 70 分钟，是凸凹目前为止参加过的酒厂观摩里时间最长的。预约时，凸凹甚至一度怀疑官网是不是写错了时间，直到走进余市蒸馏所大门，看见一排排欧式红屋顶建筑群才确信，没有个把小时，这里还真没准儿逛不完。

NIKKA WHISKY
KING OF BLENDERS
NIKKA WHISKY

请继续您的表演！
人家不到18岁，不能喝酒~

余市
SINGLE MALT YOICHI
余市

导游参观行程按照威士忌酿造工序展开：从麦芽干燥、粉碎糖化、发酵、蒸馏到贮藏熟成，实物资料展示和制作现场观摩穿插进行，中间还有参观竹鹤政孝旧居和威士忌博物馆这种可以了解过往历史的环节作为调剂，内容相当丰富。

创始人竹鹤政孝出生于温暖的日本广岛县，却将实现梦想的蒸馏所建在了寒冷的北海道。据说是因为余市冷凉湿润的气候条件与苏格兰非常相似——后者是他学习威士忌酿造技术的原点。

参观行程的最后是令人期待的免费试饮，每个人能喝上三杯。三杯口味不同，可以按照喜好用另外提供的苏打水等调兑。Nikka 味道硬朗，煤炭直火蒸馏留下的烟熏味有种难以言喻的美妙。想起导游中途的介绍："余市面向日本海，海风会吹进贮藏着威士忌的木桶，所以细品 Nikka 威士忌，能尝到淡淡的海风香哦。"

咂摸着海风香的威士忌，回想在余市度过的这一天：苹果与威士忌，葡萄与红酒，余市四处弥漫着微醺的紫红色。想要体会这个临海城镇的妙处，体力和酒力缺一不可。余市的日语发音 yoichi，与"好地方"（良い地）一模一样。搭火车返回的路上，凸子收到因为出差没能见面的老同事 Yoichi 的短信，满满的日式冷笑话风："我的余市，是个好地方吧？"

酒桌上一眼辨识日本人的N种办法!

小樽·余市篇

北运河

小樽运河以龙宫桥为界，分南北两段。南运河是热门拍照地点，北运河人烟稀少。但若想看小樽运河原貌，还是要往北边走。北运河没有被填埋，保留了建成时的宽度，尽头有 1906 年搭建的原日本邮船公司小樽分店的老建筑物，是窥探小樽昔日繁华模样的理想去处。

地址：小樽市色内 3

木雕工房 Merry go round

非 Sakanaction 乐队（鱼韵乐队）粉丝可以绕行，因为工房最大的看点不是商品，而是店本身和店主——这里是主唱山口一郎的老家。店铺由山口的爸爸和妈妈经营，他们和善健谈，对慕名而来的粉丝十分友善。爬坡前往这间小白房子的路上，一定要听乐队的歌 *Light Dance*，会秒懂歌词里描绘的景色。

地址：小樽市富冈 2-16-6

南樽市场

还有比菜市场更接地气的地方吗？位于住宅区扎堆的南小樽地区，南樽市场已拥有超过 50 年的历史。这里没什么能带回家的伴手礼可以买，最多的是鱼摊、肉摊和蔬菜摊。本地人超级多，是“偷窥”当地人菜篮子和生活的最生动的现场。

地址：小樽市新富町 12-1

新仓屋花园本店

新仓屋是间老字号和果子店，花园本店就在小樽寿司屋大道附近，小樽本地男女老少无人不晓。4 个糯米团串成一串的“花园团子”是正宗的小樽制造，当日做当日吃，错过会后悔。推荐黑豆馅、白豆馅和抹茶馅。馅料都是一刀糊在团子上，是其他地方难以见到的豪迈风和果子。

地址：小樽市花园 1-3-1

小樽潮祭

每年7月最后一个周末举行的祭奠活动，全日程3天，日期不固定。有意思的活动都安排在太阳落山以后，代代相传的祭奠活动、小吃摊和花火一样不少。会场设在海边的夏日祭，是日剧般的经典场景设定。第一次去时被摊位上的“潮冰激凌”诱惑，结果交完钱就震惊了——十多年过去了，摊主往香草冰激凌上哐哐撒盐的一幕至今难忘！

地址：小樽市小樽港3号码头

积丹神威岬

从余市沿海岸线前行到尽头是积丹半岛，半岛上有一处叫作神威岬的海岬，天涯海角，风景独好。四周没有不和谐的人工痕迹，大海是肉眼可见地从蔚蓝到透明，直叫人想为自然的神奇造化热烈鼓掌。每年4月中旬至10月中旬可以从JR余市站搭公交前往，不过最棒的时间段是6月到8月的海胆打捞季，无污染环境下长大的海胆又鲜又甜，吃完幸福整个夏天。

地址：北海道积丹郡积丹町草内

余市宇宙纪念馆

抱着采购本地农产品目的找到“Space Apple余市”道之站，却在同一地点发现了这间跟余市印象大相径庭的纪念馆，逛过才知道是因为日本“第一飞天人”毛利卫的老家在余市。内部展示很适合好奇心旺盛的小朋友，大人更适合在馆外免费区尽情拍照以及尝试一下小卖铺的太空餐。

地址：余市郡余市町黑川町6-4

南保留太郎商店　熏制屋

能把所有食材进行烟熏加工的神奇店铺。除海鲜和豆制品，蔬菜也能熏。千里迢迢来到本店，除了挑几样限定产品打包带走，还要去隔壁的餐厅“熏香廊”尝尝全套烟熏加工大餐。老房子改造的木屋冬天飘着烧木香，烟熏费力费时，有机会外食当然不能错过。

地址：余市郡余市町港町88番地

凸凹推荐行程

三面环山的小樽拥有很多看起来很美，走起来很累的坡路。本地人常讲的一个黑色幽默笑话是"在小樽开整形外科诊室只赚不赔"，因为下雪的冬天随便一摔可能就是伤筋动骨的大事儿。但若有心瞄一眼这座海港城市的全貌，爬坡是绕不过去的啦！

小樽站
9:00

小樽车站出发，走出车站立刻左转，步行 5 分钟就是"船见坂"。名字陌生，但站在实地眺望水天一色的小樽港会觉得眼熟，因为这是日本电影和日剧中出镜率最高的坡道。

船见坂

富冈圣堂
9:20

从船见坂继续上行，奔向下一处——"地狱坂"，起名的是坡道尽头小樽商科大学的学生。不是学生的话不用把"地狱坂"走到头，建议中途拐弯去看富冈圣堂。小小的一间天主教教堂复古又温暖，美丽的花窗玻璃现在已经无法复刻。

小樽市厅舍
11:00

见晴台
10:00

小樽市公会堂
9:45

抄近路前往小樽市公会堂。公会堂是附近居民聚集办活动的场所，通常不会很气派，但小樽市公会堂的前身是 1911 年日本皇太子寻访时的御宿，传统日式建筑风格里外透露着庄重。

外人坂

12:00

水天宫与堺街靠“外人坂”相连。外人指外国人，相传是因为这条123阶石坡的途中，曾经住过一家德国人而得名。爬坡半日游到此为止。进到堺街不需要赘言，跟着感觉逛、吃、走就是最强攻略！

水天宫

11:30

一路下坡，经过旧小樽组合基督教会、旧小樽无尽株式会社本店、小樽圣公会等小樽历史建筑，抵达水天宫。水天宫建于1859年，是赏樱胜地。从水天宫已经可以看到小樽最热闹的观光区域堺街。

热量补充完毕，向小樽市厅舍进发。市厅舍就是市政府办公楼，分本馆和别馆。本馆是电影《情书》的取景地。别馆地下一层的佐门食堂对外开放，周六日和节假日外营业。便宜又大碗，可试。

和果子处 Tsukushi 牧田

团子坂

小樽市公会堂所在地属于小樽公园。公园地广景美，从“见晴台”可将小樽街景一览无余。公园里有一条通向“团子坂”的路，团子坂童叟无欺，走到途中就能见到一家名为 Tsukushi 牧田的和果子店，专营茶道点心。

逛逛

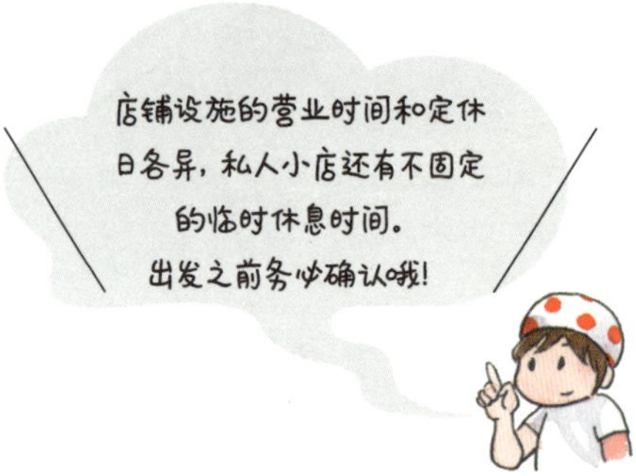

JR 小樽站

地址：小樽市稻穗 2丁目 22

旧国铁手宫线

地址：小樽市色内 1丁目 15 － 14

“北方华尔街”历史建筑群

地址：小樽市色内 1丁目周围

小樽邮局

地址：小樽市色内 1丁目 8 － 1

北一硝子三号馆

地址：小樽市堺町 7 － 26

小樽水族馆

地址：小樽市祝津 3丁目 303

祝津全景展望台

地址：小樽市祝津 3丁目

小樽市鲱鱼御殿

地址：小樽市祝津 3丁目 228

JR 余市站

地址：余市郡余市町黑川町 5丁目

尝尝

LeTAO PATHOS

地址：小樽市堺町 5 － 22

雷除志古

地址：小樽市若松 1丁目 5 － 13

菊原饼果商

地址：小樽市奥泽 1丁目 17 － 4

TSURUYA 饼果子铺

地址：小樽市花园 3丁目 16 － 3

景星饼果商

地址：小樽市入船 2丁目 4 － 7

民宿青塚食堂

地址：小樽市祝津 3丁目 210

山本观光果树园

地址：余市町登町 1102 － 5

Nikka 威士忌余市蒸馏所

地址：余市郡余市町黑川町 7丁目 6

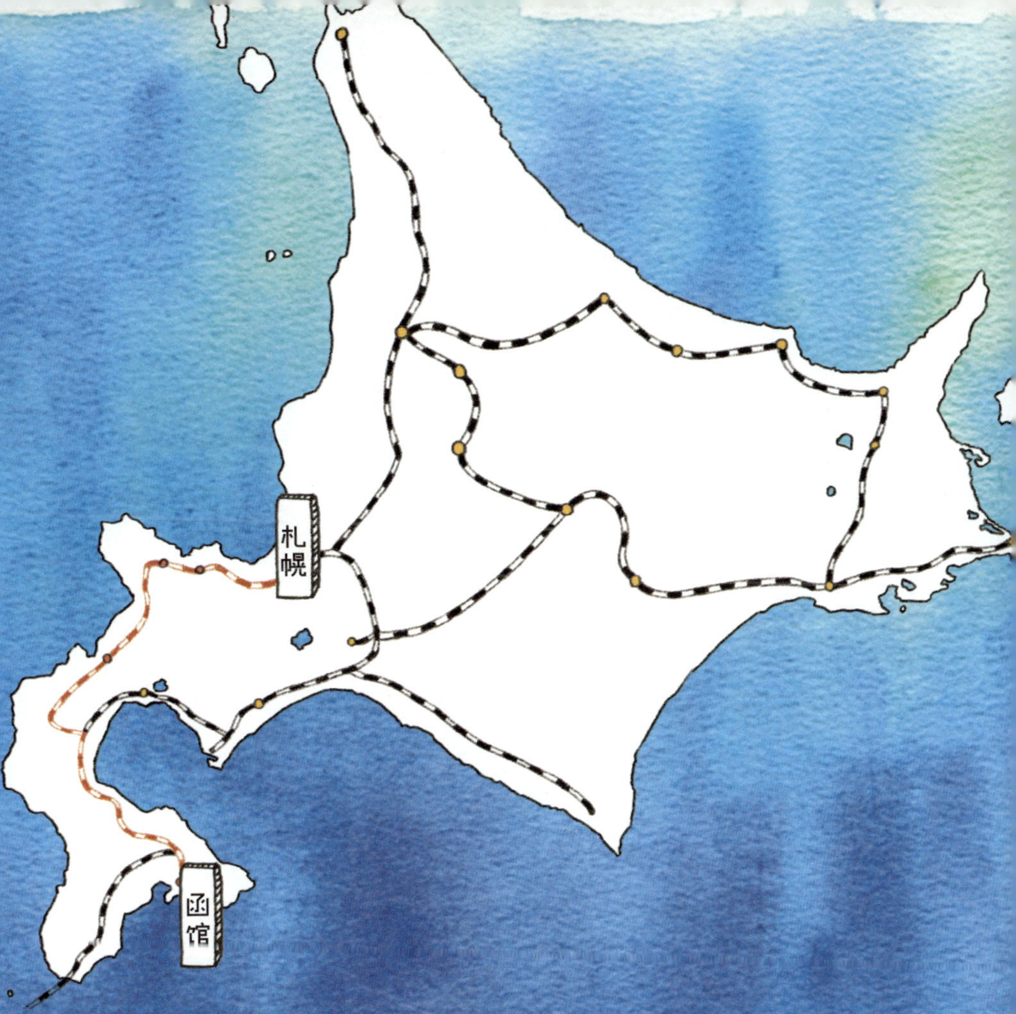

札幌 ➜ 函馆

札幌站 ⇨（JR 特急北斗号 · 约 3 小时 56 分钟）**函馆站**

函馆机场 ⇨（函馆帝产公交 · 约 20 分钟）**函馆站**

函馆海纳百川，派别不同的教会的教堂临街而建，西洋风格建筑群中也能找到古香古色的寺庙。作为日本第一批开港的国际贸易港口城市之一，历史积累让整个城市散发着混血儿般的迷人魅力。曲线起伏的坡道把街道变得立体，多样文化冲击出色彩斑斓的城市性格，还养育出日本殿堂级摇滚乐队 GLAY。函馆的代表美食榜上不能少了鱿鱼、盐味拉面、汉堡包和正统西餐，错过哪一样都是遗憾。

为电影而存在的函馆，比电影更精彩

历史上，函馆与九州长崎、关东横滨几乎同步开港，是日本最早一批对西方开放的贸易港口城市，早早接受异国文化的碰撞洗礼。函馆无论是建筑还是饮食，都值得期待。

《米其林绿色指南——日本篇》里，函馆市有 21 处观光景点上榜，并一举摘得 29 颗星星。即便是初来乍到，按照推荐把景点走一遍，中途再随意穿插些咖啡与美食，不做太多功课，也能妥妥地收获一份体验不错的旅行记忆。

如此好玩儿的城市，凸凹来过的次数却用一只手都数得过来。对于“驻扎”在札幌的凸凹而言，300 公里以外的函馆实在太远了。远到从札幌搭乘最快的火车过去，单程也要耗掉近 4 个小时——4 小时，都可以从容地在札幌和

东京之间飞个来回了。

但内心里，又不觉得这个城市陌生。这不仅因为她常出现在各种旅游图书、杂志上，如果你和凸凹一样是铁杆日本电影迷，也肯定经常能从电影作品中捕捉到函馆的身影。

在日本最被广为人知的函馆印象，出自已故导演森田芳光的作品。森田生前不仅拍摄过 4 部以函馆为舞台的作品，还一度将工作室迁至函馆。

“这里风景多样。有山、有海、有坡道，还有港口和商店街。有轨电车会让我想起自己小时候，在东京搭乘都电☆的回忆。整个城市就像一个大摄影棚，取景要素齐全。（中略）函馆还极少有日本固有的土地依附感，到处散发着无国籍的味道，无论什么都可以无条件接受。”（摘选自函馆市观光手册《浪漫函馆》2010 年 2 月 1 日。）

☆东京都电车的简称。——编者注

ダントツ人気No.1
ご当地名物
ニーズチキンバーガー
小丑
個座位
「吃貨」
蛋包飯
比薩餅
ハーイ!ラッキーくん

森
森

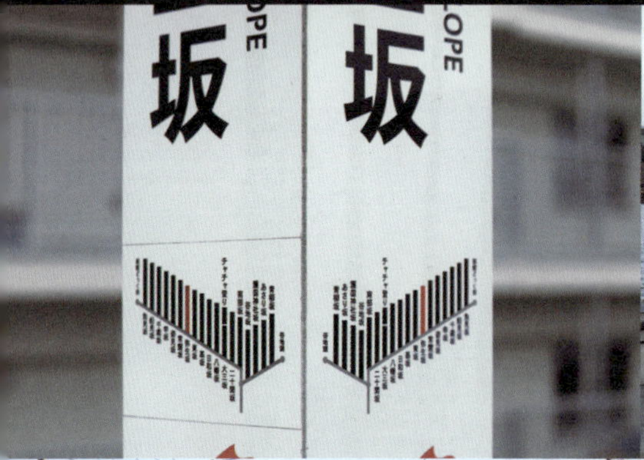
坂
坂

南部坂
NAMBU ZAKA SLOPE

以函馆为主要舞台，且被国内观众熟知的电影作品，应该就是佐藤健和宫崎葵主演的《假如猫从世界上消失了》了。养眼的主角、有味道的建筑、从坡道眺望的海景、电车以及特立独行的“喵星人”，广告拍摄出身的导演把日系电影需要的视觉唯美要素，全部装了进去。

比如片中多次出现，宫崎葵工作兼起居的电影院“港座”（ミナト座），建于 1935 年，前身是函馆一代巨富梅津福次郎经营的“梅津商店”。2014 年“函馆工艺舍”（はこだて工芸舎）租下这里，开了一家颇有格调的杂货商店。

函馆山麓周围，特别是临近海港的西部地区，拥有很多留有历史印记的和洋折中式样的建筑。旧梅津商店不算特别典型，但从外观也能窥到曾经流行的设计标配：二层高结构，一层的纯日式推拉门，以及二层笔直细长的西洋风格窗户。

拉门进到店内，电影中当作售票窗口前过道的地方，

陈列着朴素又充满情趣的工艺品。“售票间”里面是巨大的套间，房脊高挑，心旷神怡。从角落的咖啡厅前经过，还能闻到诱人的咖啡豆香，纯木环境愉悦得让人想原地转个圈儿。

得知是看过电影而来，一位店员阿姨很热情地为凸凹做起向导，“宫崎葵本人可爱又懂礼貌”“佐藤健空闲的时候，就闷在那边为拍其他戏练厨艺”。听阿姨说，工艺舍在拍摄期间将整栋房子借给剧组，然后另租了其他地方营业。“用电影做个记录。让房子被更多人看到、知道，是很开心的事呢！”

函馆工艺舍二楼，宫崎葵拍摄用的房间不对外开放，但房子最早的主人——店主梅津福次郎（1858 年—1942 年）的起居环境，却可以敞开了看个够。老房子的每个角落都有故事，间或从窗外传来电车的“叮当叮当”声，好像是在为这些故事配乐。不晓得未来有没机会看到旧梅津商店做主角的电影呢？

凸凹座
上映中作品
给你看看
我们的
北海道手账

穿行于城市的有轨电车，也是电影中的绝对存在。在《假如猫从世界上消失了》里，营运电车中历史最长的复古款 530 号车型，以及十字街车站沿线等都出现过。从行程中拿出半天，坐着电车一边巡礼一边在有趣的车站下车，凸凹很幸运地看到旅游胜地之外，函馆这座城市的另一副面孔。

坐公共汽车也不错

①
日本公共汽车特别守时，
早进站的话得等。

行先	湯の川温泉	
	月曜～金曜	土日祝
6	08 31 51	08 46
7	07 14 27 40 51 58	17 33 48
8	05 15 22 31 45 56	03 18 32 45 55
9	08 14 26 38 50	08 20 32 43 55
10	02 14 25 38 51	08 20 43 43 55
11	05 12 25 38 51	10 25 41 55
12	05 12 25 38 51	10 25 41 55
13	05 12 25 38 51	10 25 41 55
14	05 12 25 38 51	
15	05 12 25 38 51	
16	05 12 24 34 47 58	
17	00 08 21 34 47 58	

②
公共汽车时刻表
分平日和休息日。

③
遇到不能使用交通卡的车，要拿整理券☆（尽量准备零钱，不要拿1万日元去付200日元的车费）。

☆ 整理券，指在日本乘坐公共汽车时用到的号码牌或票据。——编者注

④ 北海道按路程远近收费的公共汽车较多，大部分都是后门上，前门下（有例外）。

⑤
上车有座一定要坐下，不然司机会犹豫，不知道该什么时候开车。到站也不用提前站到车门处。按捺住激动，待车停稳后再移动。

⑥ 车上不能接打电话，否则会被其他乘客翻白眼。

旧小林写真馆，是凸凹搭电车巡礼游到大町站时的意外收获。大町站附近的姿见坡、西码头和咖啡馆 MOSSTREES，都是《假如猫从世界上消失了》的拍摄地。打卡途中偶然瞥见这个红顶绿墙的建筑，一下子就被吸引住了。

最先留意到的，是悬挂在门框上的店铺招牌。看起来似乎很新，但上面的“写”字用了已不多见的日语旧体字，而且只有“壹零五壹”的四位电话号码更让人满脑子问号。原地站定摸出手机……哦，这里居然是北海道内现存最古老的照相馆！

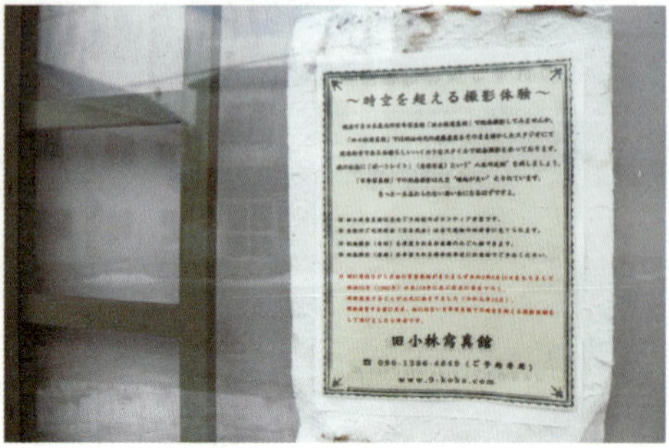

照相馆初代创建人小林建吉（1876 年—1954 年）出生于日本神户，26 岁时带着照相手艺，远渡来到函馆，开设了这家小林写真馆，并由二代经营到1962 年。此后作为文具店、民宅，经过很长时间的沉寂，直到 2009 年，旧小林写真馆才由函馆本地一位摄影师租借接手，以完全预约制的方式开放，再次回归为照相馆。

凸凹造访的这天，旧小林写真馆大门紧闭。凑近打量才发现玻璃窗上贴着一则令人难过的通知：这家摄影师会像小林建吉一样身着燕尾服拍照的照相馆，也因为合约问题，要在 2020 年 5 月关门大吉。经历过明治、大正、昭和、平成、令和五个时代的小林照相馆，下一位住客又会为它留下怎样的映像呢？

电影《假如猫从世界上消失了》的最后，猫没有消失。猫也不会消失，因为有那么多人爱它。函馆也是，这座比电影更有故事的城市，只要被经过的旅客喜欢并记住，所有故事就都能继续讲下去。

看函馆夜景不能等太阳落山以后再出发哦~

日落30分钟前抵达展望台，才能完整看到从日落到夜幕降临的全套夜景哦！

假如鱿鱼从函馆消失了

“提到函馆，就不能不说海鲜。”在函馆停留的那几天，每次搭有轨电车都能听到好几遍这句车内广播。全北海道都以海鲜闻名，在盛产地宣称自己有特色，那必须有些拿得出手的东西才行。函馆的话，应该就是鱿鱼了。

函馆的鱿鱼捕捞业，属于老天爷赏饭吃：东海海域繁殖的鱿鱼，顺海流奔向日本海和太平洋，一边游一边长大，游到函馆附近时正逢发育成熟，刚好一网打尽端上桌……6 月—12 月初以太平洋斯氏柔鱼（スルメイカ）为主，之后到来年 5 月是长枪乌贼（ヤリイカ）的季节，四季没有断档。

函馆人也毫不吝惜地表达着对鱿鱼的热爱。走过日本大大小小的城市，见过“市花”“市木”“市鸟”，但像函馆这样拥有“市鱼”的城市并不多见，这个“市鱼”当然就是鱿鱼。

因为是“市鱼”，出现在城市各个角落就理所当然了：井盖、邮筒、神社的造型御神签、街角的指路牌、住宅区的垃圾丢弃提示牌……甚至连货源基本雷同的连锁便利店，都能找到其他地区店铺没有的鱿鱼零食。

一路被各种鱿鱼洗脑，想要拜见本尊的心愿也越发强烈。“我想去渔港转转，可以看见渔船进出，最好还是鱿鱼船的那种。”住宿酒店前台的服务生，心下应该对凸凹这组外国游客的出行目的有一百个好奇吧，但还是很热情地指了路：“去入舟渔港碰碰运气吧！那里夕阳很美，万一没有船，看看夕阳也不错！”

いがったべさ~!!
いがったべさ~!!

市電のりば
STREETCAR STOP
100m →
熱帯植物園
BOTANICAL GARDEN
← 900m

HAKODATE
おすい

函館ハンカチ

HAKODATE

ポイ捨て禁止!!
函館の街をきれいにする市民運動協議会

函館の街をきれいにする市民運動協議会

郵便
POST
ようこそ
函館へ!!
Welcome Hakodate

入舟渔港从有轨电车“函馆船坞前”（函館どつく前）站步行 5 分钟就能到，是北海道内外鱿鱼捕捞船最常停靠利用的港口，也是当地人垂钓和看日落的秘密基地。

日落时本该是鱿鱼船起锚出海之时，不过诚如服务生所料，凸凹造访的一月，没能看到渔船出海、热气蒸腾的场景。但幸好，还有大批停靠岸边的鱿鱼船可以过眼瘾。

排排林立的玻璃灯是鱿鱼船标志性的集鱼灯，被夕阳余晖涂抹上一层淡淡金光，慢慢地由亮转淡，静靠在岸边，为下一次出发积蓄着能量。渔船面朝大海，背靠函馆山麓，除了偶尔能听见几声海鸥叫，四下宁静，一片祥和。服务生没有打诳语，这里的夕阳真的很美！

入舟渔港大概很少有游客来，所以几位钓完鱼准备回家的当地人，看见背着相机的凸凹也很好奇。“是来旅游的吗？”一位大叔边往车里收鱼竿，边跟不远处的我们搭话。“对，本来是想看鱿鱼船出海的。”

大叔莞尔一笑：“那要夏天来啊！这个季节没有‘真鱿鱼’的！”——真鱿鱼是太平洋斯氏柔鱼的俗称。长枪乌贼虽然也是鱿鱼，但在当地人的字典里，长枪乌贼就是长枪乌贼，能被省略叫作鱿鱼的，只有太平洋斯氏柔鱼。

“夏天还有函馆港祭，满大街都会跳‘函馆鱿鱼舞’，可热闹了！”大叔手舞足蹈，热情地开始了函馆旅游介绍：“鱿鱼舞知道吗？歌词就是各种鱿鱼料理名串一起，摆各种动作……最后唱‘鱿鱼鱿鱼鱿鱼鱿鱼跳舞’！”

在入舟渔港跟大叔学跳函馆鱿鱼舞的这个冬日午后，实在太令人记忆深刻了。

渔港也没有鱿鱼，那剩下的可能性比较大的，就只有海鲜市场了。函馆市内的海鲜市场不止一家，但人气最旺的，还属 JR 函馆站附近的函馆早市：除了吃或买海鲜，“早市名产”钓鱿鱼也是它的吸睛招牌。

几年前来旅游时，体验过一次这个早市名产：围在鱿鱼成群的水槽边，拿简易钩子自己钓。钓不到时周围人都替你惋惜叹气，钓到了就各种欢呼声、掌声升腾。店家会在欢呼声开始时接过鱿鱼，待欢呼告落，再回头寻找自己的战利品时，才发现它已被拾掇成一盘鲜亮的刺身，盛在盘中等君下箸了。

这次去，居然发现这个活动中止了！一间、两间……早市里转了几圈，没有一家钓鱿鱼在营业。“现在鱿鱼太少了。上一次停了十几天，这次就不知道咯。”守摊的阿姨看起来比扑空的凸凹还要无奈。

函馆的鱿鱼捕获量越来越少，最低纪录近几年持续被刷新——这两天不断听当地人提起“鱿鱼不渔”，这回总算有了实感。想起头一天在居酒屋吃饭时，与餐厅老板闲聊时的片段。“以前一条鱿鱼只要 50 日元。”健谈的老板太田先生 60 岁出头，他口中的“以前”应该是昭和时代了。“现在 200 多日元一条，个头儿小小的，放以前连 50 日元都不会有人要的。”

好在鱿鱼并没有从函馆完全消失。尤其是没有价格对比概念的游客，若抱着“来都来了”的坦然心情，还是能品尝到新鲜鱿鱼的：活鱿鱼海鲜饭（活イカ踊り丼）、鱿鱼包饭（イカ飯），以及非常适合当作下酒菜的腌鱿鱼（イカ塩辛），“函馆鱿鱼舞”里提到的每一样特色美味，都值得一试。

尤其是鱿鱼素面（イカそうめん）——切得比普通刺身更细，像吃日本素面一样吸溜入口的函馆特色吃食，是凸凹刚好转到一间有“早鱿鱼”的店铺提供的。早鱿鱼（朝イカ）特指夜间未明之时捕捞到，然后在天亮后迅速贩售、制作的鱿鱼，保存期短，鲜度高。

鱿鱼包饭

腌鱿鱼

鱿鱼素面

小费周折才见到的鱿鱼，让伸向它的每一筷子都变得珍贵。晶莹剔透，肉质弹牙，鱼须上的吸盘甚至还留有吸附于舌尖上的余力。点上些许酱油和生姜，激出鱿鱼内在的甜香，一口一口，瞬间见底。

鱿鱼每一次入口，味蕾都会进行一次自我修正。原来好吃的鱿鱼应该是这样的！鱿鱼不能从函馆消失，否则下次来函馆吃什么？否则函馆鱿鱼舞跳起来多没气势？否则函馆的“市鱼”岂不成了传说中的神物？想起教凸凹跳鱿鱼舞的大叔……“看鱿鱼要夏天哦！”好的，函馆和鱿鱼，我们夏天再见！

函馆篇

汤仓神社

位于函馆市内的温泉胜地汤川地区。小小的一间神社，却是汤川地区的总神社，被认为是汤川温泉的发祥地。拍手拜拜之后，还要摸摸社殿右侧的“神兔”，举一把开运槌和健康长寿槌，最后再去钓一只非常有函馆特色的鱿鱼签求好运哦！

地址：函馆市汤川町 2-28-1

咖啡焙煎工房 函馆美玲大门店

函馆是北海道咖啡文化的起点，而函馆的第一家咖啡豆售卖店就是美玲。时光荏苒 90 年，美玲已成为当地人最爱的咖啡店。咖啡豆都是现点现烘焙，新鲜程度没话说。不买豆子只想当场点一杯尝尝的话，一定要选拼配咖啡加蛋糕的套餐，计算精准的好味道，值得一试。

地址：函馆市松风町 7-1

长谷川商店海湾景区店

长谷川商店是北海道南部才有的便利商店，本地人习惯简称它为“Hasesuto”，能买到很多地方限定味道的食物。这里最出名的是现点现烤的猪肉串，尤其是猪肉串便当，几乎人手一份。肉味略微偏重，拌饭刚刚好。酱汁口味最具人气，不过常客们更爱掺着蒜香的盐味。不用犹豫，都点来尝尝就是了。

地址：函馆市末广町 23-5

五棱郭公园

每年 4 月末的赏樱季都美到过分，粉、蓝、绿三色装饰的五棱郭百看不腻。如果能再做功课了解一下戊辰战争和新选组“鬼副长”土方岁三的历史，会发现这个公园远不止好看这么简单。邻接的五棱郭塔展望台能眺望公园全景，塔内饮食街有函馆百年老店五岛轩经营的咖喱店。看完景下来吃咖喱，是多数日本观光客的常规行程。

地址：函馆市五棱郭町 44

道南渔火铁路

连接函馆站与北海道最南端车站木古内站的铁路线，整条路线的行驶时间约为 1 小时。这是一条看铁路图就让人感到兴奋的线路，因为从中途的上矶站开始到木古内站，火车都会沿着津轻海峡一路前行！每年 11 月—12 月晚间还有降低车厢内亮度，以便欣赏渔火和函馆夜景的夜景列车运行。喜欢火车出行的，一早一晚至少可以搭两趟。

千秋庵总本家宝来町本店

札幌也有一家很著名的千秋庵，其实是函馆总本家的分号。追根溯源，这里才是所有千秋庵的根脉所在。宝来町本店的建筑年龄已经过百，店铺不大却很有味道。脆香的“山亲爷”黄油煎饼和铜锣烧是必尝，前者是镇店之宝，后者是在二楼一个个依照传统工艺手工做成的，蓬松度能甩流水线商品好几条街。

地址：函馆市宝来町 9-9

函馆山

这几乎是所有来函馆的游客必到之处，但未必所有人都尝试过爬函馆山。函馆修有多条登山游步道。查好日落时间，在太阳下山前一小时从十字街附近的“旧登山道”出发。途中平坦，自然风景独好，还能瞅见函馆山作为军事要塞时的遗迹。抵达山顶后稍事休息，然后就踏实等着看从日落、华灯初上到百万美元夜景的全套美景吧！

地址：北海道函馆市元町 19-7

茶店夕日

店铺名字说明一切：茶和夕阳。修建在海岸边高台上的朴素小木屋，建筑前身是明治时代的检疫所，现在由一对爱好茶艺的夫妇经营。木地板踩在脚下的声音舒服治愈，运气好的话坐到西侧向海一边的靠窗席，叫上一茶一点等着看落日余晖洒金光，美好得不想离开。

地址：函馆市船见町 25-18

灯塔之圣母特拉比斯特修道院

搭道南渔火铁路在渡岛当别站下车，步行一段时间就能看见这座创立于 1896 年、日本最早的男子修道院。修道士在这里自给自足地生活，手工做成的黄油饼干很受欢迎。因为太受欢迎，北海道道民听见“特拉比斯特”就会迅速联想起饼干和黄油。修道院外观和商店随便看，但里面不让女生进。每周二会允许一组男生进入参观，不过需要事先写明信片申请。真让人好奇里面的模样！

地址：北斗市三石 392

大正汤

建于 1928 年，是至今仍在营业的超级老铺钱汤（公共浴池）。左右对称的嫩粉色小楼，继承了函馆和洋折中的建筑风格。里面是日本电影中最常见的传统老澡堂子的模样，大正时代、昭和时代的氛围浓得化不开，番台、更衣处和西洋体重秤都是惊喜，完全值回 440 日元的澡票钱。大正汤对面有间叫作“荞麦藏”的荞麦面店，需要预约，手续略微复杂，但是味道好极了。

地址：函馆市弥生町 14-9

山山推荐行程

函馆有一种不同于北海道其他城市的气质。这里受日本本州的影响更大，当地的人生活得也更加讲究、细致。想窥探函馆的城市风貌有一个好办法，那就是跟着穿行于城市点与点之间的有轨电车走一圈。拿好相机，一起上路吧！

绝景拍摄：八幡坡与函馆港

（最近车站：末广町）

在八幡坡拍夜景需要爬到坡顶，但拍电车只要在中段往下的位置就好。略远处的摩周丸船景，搭配函馆街角随处可见的明黄色消防栓，无疑是经典的函馆市景。

绝景拍摄：基坂与函馆山

（最近车站：末广町）

拍电车不一定要在坡上，换个角度又会有不同发现。基坂周围有元町公园和旧英国领事馆。逛完下来回首望，路面电车和函馆山一同入镜。

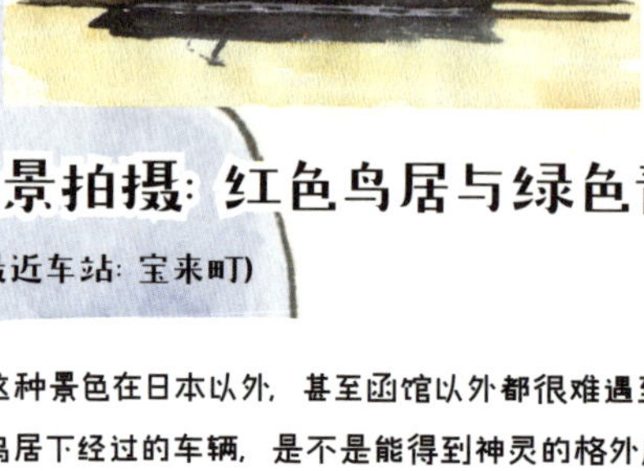

绝景拍摄：红色鸟居与绿色青山

（最近车站：宝来町）

这种景色在日本以外，甚至函馆以外都很难遇到。鸟居下经过的车辆，是不是能得到神灵的格外庇护？

绝景拍摄：操车塔与旧丸井百货公司

(最近车站：十字街)

蘑菇一样的黄色小塔是曾经的有轨电车调度塔。现已经停用，当作历史遗留物留在这里守望着来往车辆。通身墨绿色的昭和款 530 号电车经过这里时非常有穿越感。

柏木町

绝景拍摄：樱花树下

(最近车站：柏木町)

柏木町站附近的樱丘大街是赏樱名胜之一，大街两侧有 100 棵樱花树沿路排列，五月花季左右搭扣，形成美丽的樱花隧道。电车从淡粉色隧道尽头驶过的风景，因为限定而珍贵。

小贴士 1：有轨电车有一日乘车券，每张 600 日元。如果一天内频繁上下车，乘车次数超过 3 次，买乘车券比较划算。车上、观光咨询处以及部分酒店和便利店都能买到。

小贴士 2：有轨电车的运行间隔按线路分 6 分钟和 12 分钟。万一拍照时电车被其他车辆挡住，就耐心地再等下一趟吧。

绝景拍摄：蓝天下的高坡

(最近车站：青柳町)

青柳町站设置于坡顶，只要把自己的位置降低，就能收获一个极其立体的画面。这里也是很多电影广告最爱的取景地。拍照需要长焦镜头，还要遵守交通规则哦！

逛逛

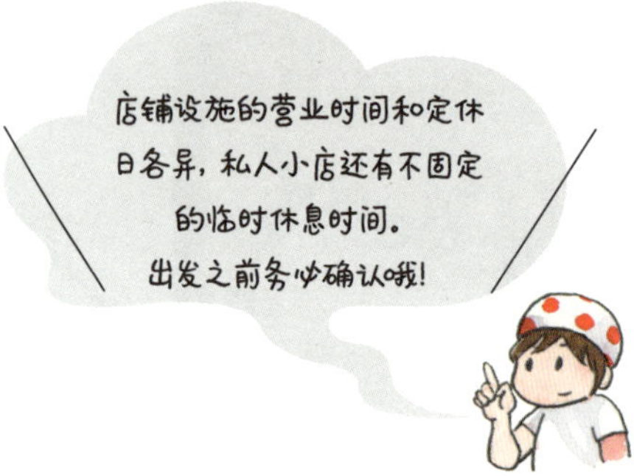

函馆哈利斯特斯教堂

地址：函馆市元町 3 － 13

天主教元町教会

地址：函馆市元町 15 － 30

八幡坡

地址：函馆市末广町元町 14

南部坡

地址：函馆市末广町

金森红砖仓库

地址：函馆市末广町 14 － 12

函馆港

地址：函馆市末广町 14 － 17

函馆工艺舍

地址：函馆市末广町 8 － 8

旧小林写真馆（已停止对外营业）

地址：函馆市大町 2 － 9

入舟渔港

地址：函馆市入舟 町 4 － 4

尝尝

函馆早市

地址：函馆市若松町 9 － 19

函馆早市车站二市场活鱿鱼垂钓

地址：函馆市若松町 9 － 19

一花亭 Tabiji

地址：函馆市若松町 9 － 18Donburi 横丁市场内

幸运小丑汉堡码头末广店

地址：函馆市末广町 14-17

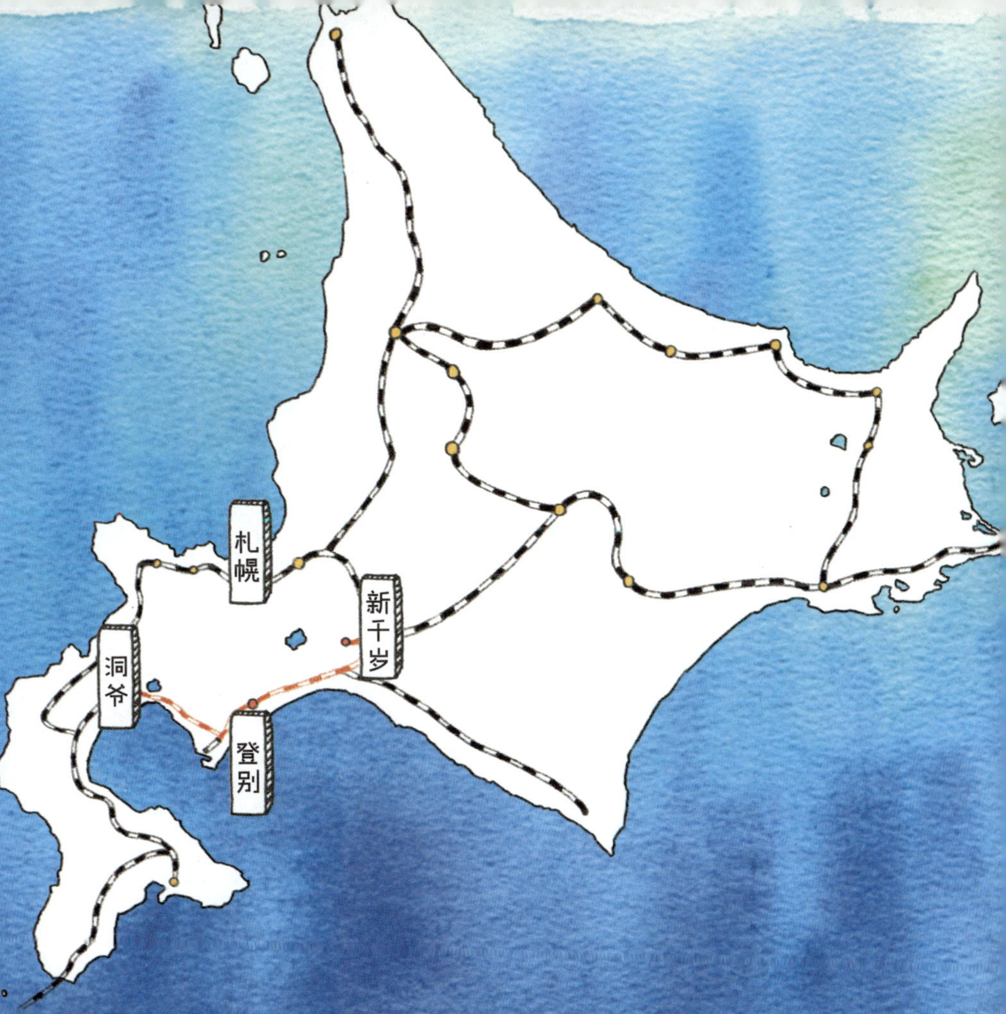

札幌 ➡ 洞爷 ➡ 登别

新千岁机场站 ⇨（JR 千岁线 · 约 3 分钟）**南千岁站** ⇨（JR 特急北斗号 · 约 81 分钟）**洞爷站** ⇨（道南巴士洞爷湖温泉方向 · 约 20 分钟）**洞爷湖温泉巴士站**

新千岁机场站 ⇨（JR 千岁线 · 约 3 分钟）**南千岁站** ⇨（JR 特急北斗号 · 约 41 分钟 / JR 千岁线换乘 JR 室兰本线 · 约 1 小时 35 分钟）⇨ **登别站** ⇨（道南巴士登别温泉巴士总站方向 · 约 14 分钟）**登别温泉**

洞爷湖町是北海道内数一数二的温泉度假胜地，和城镇同名的“洞爷湖”也是全镇的骄傲。湖畔南岸分布着数不清的温泉酒店，露天泡汤、欣赏洞爷湖和“虾夷富士”羊蹄山是洞爷湖温泉的标配。每年 4 月下旬到 10 月末，每晚都有绚烂好看的花火升天。温泉周围必有火山，有珠山以及喷火留下的几处灾害遗迹都很有看头。洞爷湖景点分散，坐公共汽车时记得多预备现金，体力超棒的可以尝试挑战自行车。因为漫画《银魂》的影响，日本游客来这里最爱买的伴手礼是银时的同款木刀。

赶在洞爷湖下一次火山喷发之前

洞爷湖很有意思，明明名字里带个“湖”字，整个城镇却与火山惺惺相惜。凸凹从洞爷湖旅游咨询中心收集来的景点介绍有厚厚一沓，都跟火山相关。不禁心下嘀咕：家门口守着活火山，这日子能过踏实吗？

日本是著名的火山国家，其中又以北海道和九州的火山最为集中。新闻中常出现的火山爆发，大多来自这一头一尾。洞爷湖旅游的打卡景点有珠山，便是其中的“北海道代表”。有珠山位于洞爷湖南岸，别看高不过 733 米，却是一座活跃、频发的活火山。最近两次大规模喷火发生在 1977 年和 2000 年，听起来是不是并不遥远？

1977 年爆发时形成的银沼大火山口，搭缆车登顶有珠山即可见。直径 350 米的深坑，四下飘散着袅袅白烟，外露的地肌本色让人很难想象不过四十几年前，这里还曾有过牛马成群、牧歌笙笙的田园风景。

很不巧，凸凹到访时正赶上冬季封锁期（11 月—次年 4 月），通向银沼大火山口的有珠外轮山游览步道被切断，只能从稍远的火口原展望台眺望。地球“发火儿”的样子近在咫尺却不能靠近——展望台的看点当然不止这一处，但还是觉得缆车票买得有点儿亏了……

有珠山附近，还有一座昭和新山。昭和新山是有珠山的寄生火山，因为它完全是被有珠山地震一点点“震”出来的。冬天的昭和新山，红褐色的山陵覆盖着白皑皑的积雪，周围空旷无物，让人忍不住想在雪地里撒点野……

那不如就来打场雪仗吧！每年 2 月下旬举行的“昭和新山国际雪合站”，已经办了三十几届。正儿八经的“打雪仗世界杯”，时间凑巧的话可以来看热闹！

1977 年的看不到，那就去 2000 年的碰碰运气吧。千禧年的火山喷发不在有珠山顶，这一次冒出的西山山麓火口和金比罗山火口，和当地居民的生活圈有大面积交叉。在旅游咨询中心领取的洞爷湖町《两处火山口导览地图》上，对当时的情景有段临场感很强的记述。

“2000 年 3 月 27 日地震频发，有珠山的地壳变动开始。爆发临近，可能涉及区域内的 15815 名居民陆续避难。3 月 31 日下午 1 时，西侧岩浆蒸汽爆发，喷射而出的水蒸气遮天蔽日。高度达到 2500 米的蒸汽烟雾，随风向东北方移动，以洞爷湖畔为中心开始大规模降灰。”

“2000 年 4 月 1 日上午 11 点 40 分，有珠山西北侧的金比罗山麓出现喷火，喷火口迸出大量浓烟和石块，对周围的建筑造成巨大破坏，包括日本国道在内的广域范围被观测到厚厚的降灰。熔岩烤得滚烫，地下水出现蒸汽爆发，火山泥流顺着金比罗山斜坡的河流，直击桥梁及周围建筑。”

灾害平息之后，伤痕累累的城镇风貌没有被粉饰，而是经过整备，以“灾害遗迹”的面貌，将两处火山口分别于 2002 年和 2005 年免费开放展示，所以现在去，仍能清晰看见火山爆发留下的“硬伤”。

隆起撕裂的日本国道 230 公路，被泥石流和火山灰掩埋掉整个一楼的团地住宅，平地而生的碧绿火山口湖，出现在奇怪位置的公共汽车和仍在依稀冒烟的地面……大音希声，大象无形，现实的震撼连好莱坞灾难片都复制不来。

西山山麓火口散步路全长 1.8 公里，金比罗山火口灾害遗迹散步道转一圈需要 30 分钟。从金比罗参观起点出发，稍微绕远些可以将两条散步道连起来，花上一个半小时走走看全长约 2.3 公里的“金比罗和西山路线”。唯一需要注意的是，这里和有珠外轮山游览步道一样，11 月至次年 4 月不开放。来错了季节，就只能和凸凹一样，站在展望台远瞻了……

万一真不巧遇到散步道封锁，其实还有一处好去处：位于金比罗散步道入口附近的火山科学馆。这里有关于 2000 年有珠山爆发的详尽资料及影像展示，震撼、具象，很有看头。那次火山爆发并不久远，很多当地人都亲身经历过。游客不多的时候可以跟工作人员聊聊天，能听来不少真实经历，比任何展示都生动。

同一建筑内还有一个洞爷湖来访者中心，介绍洞爷湖的自然环境和动植物，以及有珠山的火山活动。有珠山相关部分有一块火山岩展示区，拿起来掂了掂，很轻。想起曾有一位朋友跟团来洞爷湖旅游时，听带队导游讲过火山岩可以当搓澡石用……赶紧放下了！

有火山的地方必有温泉。活跃的有珠山留给洞爷湖最大的一笔财富，就是温泉。洞爷湖发现温泉源泉是在久远的 1917 年，泉水涌出至今从未间断。这才让百余年后到此一游的凸凹，有机会趴在温泉街酒店舒服的露天温泉里，研究眼前漂亮的洞爷湖。

洞爷湖也因火山爆发形成，是一汪周长约 43 公里的破火山口湖。湖中间被合称为“中岛”的 4 个岛屿，是在洞爷湖形成之后，再次出现火山活动时出现的。湖畔周围多为农地和村落住宅，间接地帮洞爷湖挡住了过度开发的厄运，让自然开阔的风景得以最大限度地保留。

欣赏洞爷湖，最好的角度并不在温泉街一带，因为这里太热闹了。理想的洞爷湖风景里，不应该有人烟，湖水需能流到脚边，中岛造型还要利落且对称。这个理想角度凸凹找了很久，直到发现了月浦这个宝藏之地。

月浦旅游资源接近于零，公共交通也极不便利。从洞爷湖巴士总站坐观光大巴去赛罗展望台（サィロ展望台）会经过这里，但几乎没有游客会在这个常住人口不到 300 人的小地方下车。

但你如果看过日本电影《幸福的面包》，就会知道，看起来平淡乏味的月浦，自有她的美妙和味道。“和喜欢的人，在喜欢的地方，过喜欢的生活。”真实的月浦和电影中如出一辙，安静唯美，隐藏着让人自动放松的魔力。公交站附近有一排隔离带树木，越过它们，就能独占整个洞爷湖。

“洞爷”这个名字来自阿伊努语的“to-ya”，意为湖岸，所以欣赏洞爷湖，果然还是要靠得近近的才行啊。湖水在脚边有节奏地唱着歌，视野正前方的中岛，像三角饭团一样端正可爱。风景静谧温润，凸凹甚至开始怀疑电影中大泉洋扮演的水缟君，是不是真会在下一秒笑眯眯地走来，跟我们打招呼了。

《幸福的面包》的主要拍摄场景“面包房”，就在车站附近山坡深处，现实中是一间品位独特的咖啡店，叫作 Gauche。名字记不住没关系，跟当地人打听地址时我们只模糊地说了“月浦那家面包房”，居然也顺利找到了。

凸凹到达时已过午餐时间，能点的只剩咖啡和蛋糕。迎接我们的是戴着金丝边眼镜的女主人，细声细语，话极少。

“请问蛋糕有推荐吗？”

“每个人喜好都不一样呢。”

“店里不允许拍照哦？”

“呵呵。”

遇到如此少言寡语的主人，也只好关掉身上好奇游客的开关，静下来专心享受周围舒服的纯木空间。因为没有其他客人，凸凹选择了临窗的大木桌，像电影中的角色一样，霸占窗外一整屏毫无遮拦的洞爷湖景。

Gauche 的咖啡冲得醇厚，搭配着手工蛋糕一起被端上桌。窗外很合时宜地开始飘雪，一片一片，清晰分明。身体斜后方烧得旺旺的壁炉，把整个人烤得酥软松弛，面朝窗外软绵绵地瘫在椅子上，哪里还有余力说话。千里迢迢，凸凹终于找到了洞爷湖最佳观赏点。

关于洞爷湖的介绍资料中，常能看到“与火山共存”的字样，细想其实压力巨大。万幸作为过客的我们，只要享受温泉、美景这些火山恩惠就好。洞爷湖周围因火山而来，未来也会因火山出现景色变迁。赶在下一次火山喷发之前，请来记住当下这份岁月静好。

登别令人瞩目的精华都集中在这里。起源于日本江户时代末期的登别温泉，因治病健体的“药汤”而闻名。9种泉质功效术业有专攻，随便挑，而且因为涌出量大，温泉水随流随用，用不着麻烦地消毒再循环利用。源头地狱谷是主要打卡地，尤其是10月中下旬，升腾的温泉水汽映衬着枫叶满山秋，是北海道内的赏枫名处。往下来悠然自在地泡汤，或者蜻蜓点水式一日游，皆可怡然自得。

“鬼城” 登别欢迎你

登别之行由凸子一人完成。在东京下班后直奔机场，4 个小时后再走出室外，周围已是被白色哈气包围的登别车站。没有游客们熙来攘往的冬季夜晚，雪声簌簌，安静肃穆。登别温泉虽然出名，但登别车站并不在登别的城中心，车站附近本地居民极少。抵达时，小车站已切换到了没有工作人员守着的晚间无人站状态。

一个人来温泉乡，想订到理想的温泉酒店不大容易，相中的地方不是价格高得令人咋舌，就是不接待单人住客。这不免让人联想起日本推理小说中常见的一个桥段：“他 / 她把最后的奢侈留在了温泉旅店，一去不复返……”好在车站附近还有其他住宿选择。

印象中这是第一次来登别车站。过去住在北海道的时候，搭乘从札幌站出发，直达登别温泉酒店的大巴的机会更多一些。所以当站立在车站入口的棕熊标本突然闯入视野时，凸子着着实实吓了一跳。“啊！”划破夜空的惨叫惊得在站外趴活儿的出租车司机探进头来：“姑娘，没事吧？”

刺激还没完。走出车站，还有一只面目狰狞的红鬼高举狼牙棒等着“敲”你呢！穿着虎皮花纹裤衩的红鬼，露着尖利的虎牙，跟竖立在旁边的“登别欢迎您”的木牌怎么看都不像是一套的。这个城市欢迎游客的方式真是别具一格。

“鬼”是登别的招牌。国人初来乍到，难免觉得怪异：“为什么要拿阴气这么重的东西当吉祥物？”这里且容凸凹掉个书袋：虽然字一样，但日文和中文的“鬼”的血统略微有差别，不是一码事儿。

中文的“鬼”，含鬼魂或者幽灵之意，这一类在日文中被归类为“幽灵”（幽霊）。而日文中写作“鬼”，念作“Oni”的鬼，在现代语境中，和中文“妖怪”的概念更为接近。

日本的“鬼”按肤色分有红鬼、蓝鬼和黑鬼。但长相大同小异：眼如铜铃，爪牙锐利，头上长犄角，身着虎皮花裤衩。无论是日本神话传说中桃太郎打的鬼，还是每年 2 月的节分撒豆仪式上，被小朋友用黄豆追着跑的鬼，基本都是一副模样。

鬼的“鬼设”五花八门，有善、有恶，还有神。比如登别温泉的这个“汤鬼神”（湯鬼神），不仅不坏，还是当地最大名产温泉的守护者呢！店铺云集的极乐通商店街上有很多“鬼”式伴手礼，是来登别温泉的最佳纪念。不过已婚男士购买时需谨慎：日文中形容悍妻时也会用到“鬼”，叫作“鬼嫁”。至于送自家太太会有什么后果，掏钱包之前请三思。

地狱谷是登别温泉必访景点，周围常年散发着让人皱眉的臭鸡蛋味道，连附近的路边下水井盖都呼呼地往外冒热气，倒是很适合给“汤鬼神”当家。记得第一次来时阅历尚浅，对着这个又冒烟又冒泡儿，像是大地未愈合的伤口一样的景观，凸子着实困惑了一番：这到底是想展示个啥？

好在随岁数和见识增长，现在再看地狱谷，知道这个因俱多乐火山喷发而形成的巨大火山口遗迹，其实是登别温泉笑盈盈递上来的宣传小广告：
——“您看这十几处源泉喷出口！”
——“您看这里和这里，流出来的温泉泉质可是完全不一样的哦！”
——“您再看这源泉流量，可是附近所有温泉酒店的命根子哦！”
吃鸡蛋前先看看下蛋的鸡，也是到访日本温泉乡的常规参观行程。

登别温泉在旅游书中常被形容为“温泉百货公司”。这家百货公司不仅擅长量产（单日涌出源泉量约 1 万吨），给客人提供的商品选择（源泉种类）也超级多。这也是登别温泉能在“温泉大国”日本立住脚的根本所在。地狱谷是这家百货公司的主力大卖场，登别温泉单日涌出的源泉量，近 80% 都来自这里。

街上闻到的“臭鸡蛋味”硫黄温泉只是 1/9，另外还有 8 种功效不同的温泉泉质任君随意挑选。在登别寻找温泉酒店，真行家不仅挑硬件，还一定会留意能泡到的温泉种类。

绕着地狱谷看过一圈,体力好的游客大多会顺着沿路设置的“大汤沼散步道”,走进山林吸着绿氧，奔向另一个景点：大汤沼川天然足汤。足汤即足浴，在日本温泉乡常能见到一群人聚在小亭子里泡脚的风景,这是日式足汤的标配。相比之下，大汤沼川的足汤就大气很多，拿出一整条河来当泡脚池。

大汤沼川的源头来自大汤沼，散步道中途会经过。和地狱谷一样，大汤沼也是俱多乐火山喷发留下的火山口。顾名思义，葫芦形的大汤沼，就是个“充满温泉汤的沼泽大湿地”，湿地底端至今仍在不间断地往外喷发约 130 摄氏度的硫黄泉水。溢出来的硫黄温泉顺山林缝隙向低处流淌，在非常合适的地方，会享受的人类在旁边搭上木柱做成椅子，当成天然的泡脚胜地。足汤周围规整得井井有条又野趣横生，让才走完山路的游客看到它，立刻毫无抵抗力地想脱鞋。

来温泉乡不能光泡脚。虽然不住温泉酒店，但仍可利用“日归温泉”（日帰り温泉）服务，享受酒店内的温泉设施。从足汤返回酒店聚集地段，凸子开始物色门口挂着“日归”招牌的酒店。秒速定位，光速交钱，宽衣净身，头顶毛巾迫不及待地出溜儿进自带天然雪景的露天大浴池。硬邦邦的身体像放在正午太阳下的冰激凌一样迅速化掉，融进热腾腾的温泉，爽嘞！

泡温泉的
正确打开方式
かけ湯
①
泡前先用温水热身，
不要一下子浇在头上，
否则对心脏刺激太大。
从下往上慢慢适应。
② 泡温泉前必须
把身体洗干净。
③ 先半身浸入温泉，
让身体慢慢适应。
④
也可以一鼓作气坐进
温泉，享受刺激。
⑥
先用毛巾把身体擦干，
再回更衣室，以免受凉。
⑤ 身体热乎了，
就去享受露天温泉吧！
露天風呂

日本地方城市常能看到一些历史悠久，却令现代人感到匪夷所思的祭祀庆典。在凸子看来，“登别温泉汤祭”（登别温泉湯まつり）也可被列为其中之一。

登别温泉汤祭会固定在每年 2 月 3 日和 4 日这两天举行。这刚好跟日本传统节日节分在同一时期。纬度低的城市欢欢喜喜地通过“豆打鬼”庆祝立春的时候，平均气温仍在零摄氏度以下的登别，却会在气温最低的晚间迎来一群穿着白色兜裆布的当地成年人，他们在泉源公园玩起日本中小学生运动会的经典游戏“骑马战”，名曰“源泉汤互泼对决”（源泉湯かけ合戦）。

登别温泉汤祭不只有互泼大战，还有充满日本民间乡土气息的汤鬼神神乐表演、打年糕……但都不如压轴的“源泉汤互泼对决”来得热闹。参与“骑马战”的勇士们一边被泼热温泉水——这是来自周围人的助威，一边专心投入地抢对方的绑头绳。凸子几年前参加过一次，气氛欢乐得一塌糊涂。登别温泉，光是冲这个温泉汤祭也值得专门走一趟哦。

源泉汤互泼对决

登别温泉，熊出没注意

“熊出没注意！”棕熊是北海道动物界巨星，北海道也是该巨星在日本的唯一栖息地。虽然头晚才被车站的标本吓得半死，但好了伤疤忘了疼，凸子转天一大早就跑去“登别熊牧场”，在门口兴奋地搓手等着看真熊了。

日本“元祖级”熊牧场登别熊牧场建在山上，入口设在山脚的极乐通商店街里。游客想要看熊本尊，需从入口搭乘缆车上山。冬季清晨游客少，凸子一人分得一辆缆车。缆车在尚未融化掉的树冰包围下悠悠哉哉，缓缓前行。单程 1.2 公里距离不近，正要低头玩手机，忽然发现一辆奇怪的缆车从远方对向驶来。

说它奇怪，是因为这辆缆车不仅形状、颜色和其他不同，里面坐的也不是人——而是三排整整齐齐的鲑鱼……海马体深处关于北海道的生活记忆瞬间亮起小灯泡：这不是每年冬季限定的风干鲑鱼条专用缆车吗？

风干鲑鱼条用的是膘肥体壮的秋鲑，最佳赏味季节是冬季。把鲑鱼条放火上稍微一熏，肉质弹牙，下酒绝佳。棕熊不喝酒，却也深知鲑鱼的好：悬挂在缆车上风干的鲑鱼，就是为它们准备的饲料。

风干鲑鱼条：鮭とば（saketoba）

做法：秋鲑鱼带皮切条，用海水洗净风干。

常见区域：日本北海道以及东北地区。

喜爱群体：日本欧吉桑（大叔）、登别熊牧场棕熊。

登别熊牧场的面积比想象的要大，除了棕熊，还饲养着虾夷松鼠和鸭子等治愈系小动物。依照导览图，凸子首先奔向公熊聚集的第一牧场。牧场格局和动物园的狮虎山类似，没有栏杆，人需要爬楼梯走去高处。爬楼梯时没闻到特殊的动物味道，所以走出楼梯间，骤然看到两只棕熊出现在视线 3 米以内的瞬间，凸子不得不又赶紧向后退几大步，倒回了楼梯间……

牧场的棕熊不缺粮，所以不像野生的一样需要冬眠。但入冬以后的熊应该都不太想运动，稍远处的三只各居一处，趴着或是坐着，偶尔站起来移动几步扭扭腰身，也不过是挪去另一个地方继续趴着或是坐着。眼皮底下，两只棕熊紧凑一团的模样，一度令凸子联想起“岁月静好”这种柔美的词汇。

但它们毕竟是熊哦。正要远走高飞的理智，被第一牧场内的“人笼子”给及时召唤回来了。

“人笼子”是延伸进棕熊活动区的一个钢化玻璃空间。“在这里，游客可以通过弹簧装置，把专用饲料投喂给窗外的棕熊，近距离观察它们的长相特征。”导览介绍写得云淡风轻。在这里，凸子有生以来头一次体验到了小动物被猎杀时的感觉。

拿着饲料刚刚站进笼子，前一秒还在远处趴着的两只棕熊，以迅雷不及掩耳之势包围过来——“熊瞎子”真是瞎子吗？笼子矮，熊高，被熊直视的紧迫感压得胸口扑通扑通地慌乱颤动。哆哆嗦嗦地从包装袋里掏出饲料，放进弹簧装置，大概是凸子动作慢了些，耳边居然传来闷闷的一声熊吼！再一抬头，隔着玻璃对视的这只庞然大物，正抬起足足有凸子头那么大的熊掌准备拍玻璃呢……落荒而逃！

公熊

逃命的时候想起先前道民朋友传授的知识：“万一在野外遇到棕熊，不要慌。要跟它对视，然后慢慢地，慢慢地后退……”天哪，怎么可能？

接受过第一牧场的洗礼，再去母熊聚集的第二牧场就会平和很多。母熊数量多，也比公熊活泼好动。同样是挥舞熊掌，可距离产生美，第二牧场这边的熊看起来就像在热情地打招呼，举手投足透露着娇憨。在第二农场还能看到各种“熊样儿”：站立、举手这种都是小儿科，个别身段柔软的还可以前爪摸后爪，轻轻松松地摆个标准的“坐立前屈式”瑜伽动作自娱自乐。

登别熊牧场不只能看熊，还能眺望俱多乐湖。俱多乐湖是位于登别隔壁白老町的一个火山口湖。虽然地处白老町，但通向湖边的唯一道路在登别温泉。因为没有任何支流流入或流出，俱多乐湖透明度极高，是仅次于北海道道东的摩周湖，日本透明度第二高的湖泊。

圆如硬币的湖口形状，很容易让人联想起电影《你的名字。》里面的糸守湖。不过糸守湖临近村落，俱多乐湖附近就只有密密麻麻的树，湖畔周围唯一一家提供租船和餐饮服务的设施也在几年前停业。

形容俱多乐湖时，北海道本地人常会用到“孤独”或者“神秘”这种画面感十足的字眼。可惜冬季封路无法近身，只能从展望台远眺过过眼瘾。登别近年不断有目击野生棕熊的消息，不知道这会儿湖畔周围是不是也有几只正在呼呼大睡？

如果在野外遇到棕熊……

① 距离在百米开外，发现前方有熊时

静静地倒退离开。绝大多数情况下，野生棕熊不会主动袭击人类。不要在熊面前刷存在感，抓紧时间默默撤离才是上策。以及，千万不要盲目接近小熊，因为这些小可爱周围一定有护子心切的巨大母熊。

② 距离在 50 米以内，眼前突然蹦出熊的时候

高举双手，有节奏地晃动（这样会让身体看起来巨大一些），放慢语速，大声地跟熊说话。确定熊没有靠近的意思的时候，慢慢地倒退着离开。不要跑，否则反而会激起熊的追逐欲。棕熊全力奔跑起来的时速接近 60 公里，比博尔特还快，你确定自己能跑掉吗？

③ 棕熊主动靠近，发起袭击的时候

非常非常少见，但万一碰到，车里、屋里或者树上，赶紧寻找藏身之处。躲也躲不过的时候，不要装死——没有用的，不如占据高点，举起能当武器的木棍或者石头，勇敢地对决吧！

洞爷湖·登别及周边篇

贵泉堂

温泉街上的散财好去处，吃、穿、用，送人或者自留纪念物应有尽有。逛一圈能把北海道伴手礼全景了解个八九不离十。尤其是本地产酒水——“地酒”丰富这一点，值得拉出来特别夸奖。拎上两瓶本地产啤酒“鬼传说”回房间，泡完温泉后喝下肚的愉快体验赛过活神仙！

地址：登别市登别温泉町 46

味的大王登别温泉店

温泉街上小小的门脸，进去能发现不少明星留下的“到此一游”式签名。地狱拉面是名产，辣度以“丁目”为单位，每 1 丁目是 1 勺辣椒面，起点为 0，最高到 60。0 丁目辣度约等于韩国泡菜火锅水准，能吃到 10 丁目就可获得奖章贴上墙的荣誉。但其实啊，“味的大王”本家最出名的，其实是跟辣完全不沾边儿的味噌咖喱拉面。

地址：登别市登别温泉町 29

登别伊达时代村

还原日本江户时代的街景和文化的主题公园。忍者啊，武将啊，花魁啊，为海外所熟知的日本传统元素在这里大杂烩。租一身和服在时代村里转转，拍照，扔扔手里剑，适合带着低龄小朋友的家庭游客、角色扮演爱好者以及忍者文化的忠实粉丝。

地址：登别市中登别町 53-1

望羊蹄

洞爷湖温泉街一带的老店，1946 年开张营业至今。菜单上都是昭和时代最流行的西洋味道，据说颇具人气的番茄酱猪肉饼味道从来没有变过。猪肉来自近邻留寿都，紧实且充满弹性的肉饼用勺子轻按都往外呲肉汁儿，搭配的番茄酱经过精心调配，口感和味道老少咸宜，不好吃才怪。

地址：洞爷湖町洞爷湖温泉 36-12

洞爷湖越后屋

进门就能看见这里的镇店之宝，雕刻着“洞爷湖”字样的木刀，是漫画《银魂》中银时不离身的同款爱刀。木刀的地方挂着给漫画作家空知英秋的留言簿，粉丝的真情挚语句句暖心窝。嫌举着木刀太拉风的话，可以考虑缩小版的钥匙链，纯用来当作洞爷湖旅游留念也不错。

地址：洞爷湖町洞爷湖温泉 71

地球岬

竖立在悬崖之上，直面守候太平洋的小灯台，是从登别出发短途旅行的最佳去处。从登别站搭乘 JR 火车在室兰站下车，约半小时即达。晴天时尽情远望，能看到圆圆的地球弧线。每年元旦在这里等候日出是当地人的传统。运气特别好的人，还能看见狩猎候鸟的游隼，以及成群洄游的海豚。

地址：室兰市母恋南町 4-77

室兰工厂夜景游览

室兰从明治时代起就是日本著名的钢铁城市。夜幕降临后，海岸边几大钢铁工厂不灭的灯火也成为这里最独特的一道风景。推荐花上一小时搭船游览，方便又过瘾。重工企业特有的建筑结构特征，搭配夜间照明和北国冷风，散发出令人着迷的硬朗气质，是值得收集的旅行体验。

地址：室兰市绘鞆町 4-2-17 屋台村内

鳕鱼子家虎杖滨

来白老，怎么能错过鳕鱼子？虎杖滨海湾捕获的阿拉斯加鳕鱼，鱼子当日取出加工后冷冻，保留明太子的纯粹风味。鲜，非常鲜，大正时代的老店名不虚传。来白老旅行的话，这里的鳕鱼子盖饭是午餐的不二之选。

地址：白老町虎杖滨 185

新登别大桥

红叶满山的季节很好看。240 米长的红色拱桥横跨于登别川溪谷之上，周围景色豁然开朗，拥有非常不日本的壮阔视野。桥上设有独立于车道的步行道，桥面到溪谷垂直距离 120 米，是不是恐高症一眼见分晓。不推荐走路，有车的话就是踩一脚油门的事儿。

地址：登别市上登别町一札内町（北海道道 782 号线上）

UPOPOY 民族共生象征空间

位于与登别近邻的白老町，坐 JR 火车过去不用换车。阿伊努族是生活在北海道的原住民，UPOPOY 在阿伊努语中是“大家一起唱歌”的意思。名字听起来很欢快的这个空间占地宽广，拥有日本国家级博物馆和公园等设施，是了解阿伊努族的过去、现在和未来的好去处。这里于 2020 年开业，是日本最新的话题观光设施之一。

地址：白老町若草町 2-3

凸凹推荐行程

登别—洞爷湖这一条线上，洞爷湖是最不能错过的风景。美丽的洞爷湖，除了站在湖边眺望，还可以前后左右上下里外地看，收获一份特别的惊喜体验。

站高望远，赛罗展望台

位于洞爷湖西岸的小高台，视野无遮拦。正前方是湖和中岛，视线从左向右移动，还能将有珠山、昭和新山和洞爷湖温泉尽收眼底。每年夏天，展望台附近有搭直升机绕湖游览的体验活动，空中俯瞰清澈的洞爷湖，蓝绿交错，意外地很过瘾。

地址：虻田郡洞爷湖町成香 3-5

坐鸭子船以及皮艇，游进洞爷湖

有湖的地方不能没有船，有体力好的伙伴一定要划鸭子船。洞爷湖有多大，用体力丈量一下就知道咯。觉得鸭子船不过瘾，还可以去玩划艇。划艇有导游带领，花样更多。在湖中找到凸起的石头站上去，随手拍就能收获神奇大片儿。水天一色，上下空明，神骨俱清，是夏季才有的特别体验。

地址：虻田郡洞爷湖町洞爷湖温泉 7-9（游船）
虻田郡洞爷湖町 193-8（皮艇）

洞爷站

湖畔守望，住在洞爷湖边

北海道内很出名的露营基地，设备齐全，空手去问题也不大。不用留下过夜，租个帐篷搭个火，停驻几个小时在洞爷湖边待着，听湖水有节奏地荡漾就是很好的放松。若是能住下更好，因为这样就能收获夜幕降临后密布的繁星以及转天的旭日了。天地一起美给你看，什么都不用想，拍手叫好就行了。

地址：虻田郡洞爷湖町月浦 56

泡汤望湖 洞爷湖温泉酒店

温泉街上的酒店里，大浴池都能看到洞爷湖。但若想泡个安静汤，需要费心挑一个附带“贷切”（包场）天空温泉的地方。顶层的户外天空温泉犹如湖水分身，与周围景色融为一体。秒速击退所有浮躁与杂念，是放松身心的最好去处。

地址：虻田郡洞爷湖町洞爷湖温泉

逛逛

洞爷湖旅游咨询中心

地址: 虻田郡洞爷湖町洞爷湖温泉 142

有珠山

地址: 有珠山郡壮瞥町字昭和新山 184 － 5

昭和新山

地址: 有珠山郡壮瞥町昭和新山

西山山麓火口散步道

地址: 虻田郡洞爷湖町泉

金比罗山火口

地址: 虻田郡洞爷湖町洞爷湖温泉 142 － 5

火山科学馆

地址: 虻田郡洞爷湖町洞爷湖温泉 142 － 5

洞爷湖温泉街

地址: 虻田郡洞爷湖町洞爷湖温泉

JR 登别站

地址: 登别市登别港町 1丁目

登别地狱谷

地址: 登别市登别温泉町

极乐通商店街

地址: 登别市登别温泉町

大汤沼川天然足汤温泉

地址: 登别市登别温泉町

泉源公园

地址: 登别市登别温泉町

登别熊牧场

地址: 登别市登别温泉町 224

俱多乐湖

地址: 白老郡白老町字虎杖滨 498 － 1

尝尝

Gauche

地址: 虻田郡洞爷湖町月浦 150 － 2

旭川 ➔ 美瑛 ➔ 富良野

旭川站 ⇨（JR 富良野线 · 约 35 分钟）**美瑛站**

旭川站 ⇨（JR 富良野线 · 约 1 小时 19 分钟）**富良野站**

连绵起伏的丘陵地形，让农耕用地具有独特的立体感。远处山峦层叠起伏，风景四季四样。美瑛之美的根本，在于它宽敞辽阔和色彩斑斓的田园风情，流露出与其他日本城镇截然不同的反差美。美瑛山丘可以粗分为西北侧的“拼布之路”和东南侧的“全景之路”，要靠非机动车的力量在一天内逛完这两区略微困难。不如住下来玩上两天，顺便尝尝用当地产的蔬菜做成的美味，还可以再走远些，去白金温泉泡汤看青池。第一抹晨曦照耀下的美瑛，生动又充满活力，是给愿为她驻足的行者的最好回馈。

美瑛的美，全方位无死角的美

因为跃上了苹果电脑Mac系列壁纸这扇龙门，白金青池以及它所在的美瑛町，一夜之间冲出亚洲，成了世界瞩目的旅游胜地。现在来北海道旅行，只要时间允许，大多数人都会在自己的行程中，加上“丘陵小镇”美瑛这一站。

美瑛的日文发音“Biei”，在阿伊努语中意为“油腻的河川”或“浑浊的河川”，是原住于此地的阿伊努人，看到美瑛川因十胜岳硫黄流入变得混沌而命名。后来开拓而来的和人，为她赋予了“美瑛”的汉字名，经过百年耕作，让丘陵小镇从油腻摇身一变，成为“美丽、明朗如王者般的存在”。

小镇这个概念，是相对于广袤的北海道而言的，面积 676.78 平方公里的美瑛町，其实真不算小了。“一个美瑛町，能抵上东京 23 区的面积总和。”坐在驾驶座的阿倍先生手握方向盘，微微向前探着身子，一边驾车左右寻望，一边向凸凹做介绍。

美瑛缩影

拜会这位驾驶姿势奇怪的叔叔，是本次美瑛之行的目的之一。几个月前在其他城市随手拿到的美瑛宣传小册子上，偶然翻到关于阿倍先生和他的摄影游介绍。反正逛美瑛不能没有代步工具，摄影游有车，而且司机还是名经验丰富的自然摄影师，何乐而不为呢？当时凸凹就下定决心，要在美瑛见一下这位摄影师。

上学的时候打零工，每个夏天都要跑来美瑛几趟。那个时候就知道，自然风光独特的美瑛一直是日本摄影师的宠儿。很多摄影爱好者会定期来访，而以摄影为职业的专业摄影师中，很多人则干脆选择移居美瑛，比如 Mac 屏保青池的拍摄者，比如眼前的阿倍秀一先生。

“移居理由？很简单，因为不住下的话，很多景色拍不到啊！”在美瑛生活快 20 年，神户出身的阿倍先生说话仍有盖不住的关西腔。日本人严谨，日本的关西人却以豪爽、不拘小节著称。凸凹心里默想：这大概就是预约时他一直没回答要去哪里拍的原因吧……

美瑛的美由地形造就，连绵起伏的山坡和分界清晰、色彩斑斓的田园风景，是春、夏、秋三季最大的看点。冬季虽然缺少颜色点缀，但立体的白银般的世界以及林立于田间的树木，也都是非常棒的入镜模特。我们的车子戛然而止的第一站，就是这样一处四下无人的景致。

“动作快一点，不然景色就没了。”阿倍先生心急的样子让人一头雾水……没了？树难道还会跑吗？

直到站到推荐的拍照位置，凸凹才明白，原来，没的不是树，而是天上飘忽不定的云彩和投影位置刚刚好的阳光。目之所及，没有高楼，没有电线杆，自然景色在地上尽情泼墨，放笔挥洒。如果美瑛大地是一盘料理，云彩和阳光就是为它锦上添花的摆盘，合力完成的这道视觉美味赏心悦目、独一无二。

“咔嚓！咔嚓！”一旁的阿倍先生比凸凹还迫不及待地按下了相机快门。瞬间，心中关于这个叔叔的所有谜团都有了答案：没有安排的行程，奇怪的驾驶姿势以及突如其来的停车……他一直都在追着自然的节奏走。

美瑛最好看的丘陵，以日本 237 号国道为界，分为拼布之路和全景之路两大区域。丘陵高低起伏，景色随时在变，凸凹跟着阿倍先生，阿倍先生追着自然，用了整个下午的时间在美瑛町往返穿梭。

行驶时间虽然漫长，但有阿倍先生这个半拉本地人做向导解说，完全不会觉得无聊：

——“美瑛因为电视广告而火起来的这些树，最早都是农家划片儿用的隔离线。有树的地方，就意味着那附近有两个地主哦！”

——“每块地每年种的东西都不一样。种麦子和土豆的年份拍照好看，但如果赶上当年种甜菜，就只能怪自己运气不好啦。”

——“上午有时候能看到虾夷雪兔的脚印。想象中兔子脚印应该挺可爱的吧，其实巨大，跟可爱完全不沾边儿。”

每年 6 月下旬到 8 月中旬，是一年中美瑛最迷人的季节。听阿倍先生聊起残雪覆盖的十胜岳、盛开的鲁冰花、随风摇曳的金色麦田、不可思议的双彩虹，想象着眼前的白雪皑皑被涂上颜色以后的景致，凸凹忍不住开始在心里默默盘算起夏天复访的计划。

来到美瑛，总要去青池报个到。看冬季的青池“赶晚不赶早”，白天湖面积雪结冰，没有蔚蓝色的风景差强人意。但到了夜晚，待季节限定的点灯活动开始，那个美轮美奂的青池就又出现了。

每 10 分钟为一小节，灯光明暗变化间，有星星和雪花客串作伴，美美地让人完全忘了周围气温已经降到零摄氏度以下这码事。借用阿倍先生的三脚架，凸凹认真地记录了隆冬的青池，也顺便为这趟收获颇丰的摄影游画下句号。

“不住下，很多景色拍不到”，想起初见时阿倍先生提到的移居理由。日后如果被人问起美瑛美不美，凸凹应该会答：“美，全方位无死角的美，美到可以改变一个人的生活轨迹哦！”

美马牛并没有美丽的牛和马

美马牛是 JR 富良野线上一个无人小站，夹在美瑛和富良野之间。从旭川站搭火车一路昏睡，听到报站美瑛，凸凹赶紧一骨碌爬起身来冲向车头：美瑛的下一站就是美马牛，两站之间相距约 7 公里的穿山路，是北海道内所有铁路线中起伏最大的一段。美马牛的风景，从这里就要开始啦！

美瑛与上富良野交界处，有一条非常著名的“过山车之路”（ジェットコースターの道），笔直的公路因高低落差巨大而得名，充满北海道特色。不过在铁道迷眼中，这还不是最精彩的，“过山车之铁路”（ジェットコースターの線路），也就是美马牛这段，才是最值得大书特书的一笔。

起伏的铁路从车头眺望一目了然，随着火车行进，身体被地心引力拉着前后摇摆，像体感游戏一样好玩儿。据说早年的旧款火车，在冬季积雪时经常爬坡失败。一旦失败，就只能倒车退回美瑛站，助跑加速重新来……

现在跑这条线路的火车，已经可以趟平地似的穿越“过山车之铁路”了。没有倒车，顺利进站，在日本无人不晓的国民电视剧《北国之春》中出现过的美马牛简易小站房映入眼帘。

官方数据显示，"过山车之铁路"的最大坡度为 28.6‰，相当于每行驶 1 公里，高度变化 28.6 米。如果有个高空视角，大概会看到拖着巨大身躯的火车吭哧吭哧爬上爬下，像蚕宝宝一样费力前进的光景吧。

美马牛归属于美瑛町，矗立在丘陵之上，没有便利店，也没有药妆店，但这里有一家日本“最美小学”吸引人来看个究竟。“最美小学”美马牛小学在车站东侧的山丘上，从车站出发沿大路径直走，15 分钟后就能看到它标志性的三角形尖塔校舍了。

尖塔校舍建于 1984 年，最初是为满足小朋友“想要一座有尖顶帽子的校舍”的心愿，没承想无心插柳，盖好的校舍远望好似教会，放在广袤的丘陵田园当中，竟升腾出浓浓的欧洲乡村风情。嗅觉敏感的摄影师们闻风而至，1991 年日本风景摄影大师前田真三的摄影集《山丘之塔》出版，作为封面的美马牛小学被更多人熟知，由此踏上最美征程。

以前只远望过美马牛小学，走近才发现占地面积并不算小，挺大的地方。凸凹在美瑛町网站上查了一下，6 个年级加起来居然只有 32 名学生。一边替小朋友能拥有尽情欢跑的童年而开心，一边为学校揪心：这么好看的地方，可千万别因生源不足成了“废校”。

美马牛小学校园不对外开放，只能在外围观赏。不过没影响，整个美瑛町的风景都适合远观，最美小学也不例外。日本摄影发烧友关于美马牛小学的拍摄地点有不少讨论。凸凹实地走过一圈，最推荐四季彩之丘附近，在 824 号县道沿路边。

美马牛站周围还有一处叫人惦记，是无论如何都想要远观一眼的景色。冬天步行颇费时间，沿途还要经过一段公路车道，但凸凹还是打开地图导航，搜到离它最近的可辨识建筑“kanno-farm”（かんのファーム），顽强地走了过去。

雪天路窄，一路提心吊胆，不过当抵达美瑛与上富良野的交界线，在农场附近找到最终目的地——5 棵高耸笔直的松树的时候，就觉得这一趟还是值了。

美瑛的很多树都是有名字的“广告明星”，比如日产汽车广告中的“Ken&Mery 之木”（ケンとメリーの木）、香烟广告中的“Mild Seven 之丘”（マイルドセブンの丘）等。跟这些“树木艺能界大佬”相比，眼前这 5 棵落叶松只是资历尚浅的新人，但“新人”的资源未免也太好了：接拍日本航空公司电视广告出道，并拉来日本偶像天团“岚”加持护航，不红才怪！

被粉丝称为“岚之木”的 5 棵松树，在偶像团体“岚”拍摄的航空公司广告中两次登场。尤其是 2013 年 5 月下旬的第二次登场，播出时间压准日本人

开始筹划夏季旅行的时间点，导致“岚之木”于当年夏天迅速蹿红。细节记这么清楚不是因为记性好，而是因为当年还是“润担”☆的凸凹，也曾来此膜拜过这 5 棵树……

和第一次来时相比，5 棵松树周围多了几棵小树。关于小树背后的故事，讲起来让人脸红：很多慕名而来的粉丝为了拍到偶像同款照，完全不顾树种在私有地这一事实，蜂拥而至冲进农家辛苦耕作的农田。伤心又生气的土地主人，不舍得拔掉先祖们种下的树，就只能靠在周围种下几棵小树来宣泄不满。

在 70 号道道的路边眺望着“岚之木”，凸凹想起来已经消失的“哲学之木”。那棵独立于田间低头沉思的大白杨树，也曾是美瑛町内的明星树。结果因为

☆ 松本润的粉丝。——编者注

近几年不断有游客为拍照践踏农田，土地主人在 2016 年将其狠心推倒，已不复存在。这一次来，发现拉起绳子圈地，挂上“私有地禁止入内”牌子的地方明显增多。美瑛的美丽需要耕作，作为游客的我们无法动手做贡献，就也不要狠心上脚给她留疤啦。

从“岚之木”往美马牛车站方向走，沿途可以路过前面提到的“过山车之路”的入口。

过山车之路全长约 4 公里，道路笔直，没有一丁点儿想要转弯的意思。向西南方向延伸的大路跌宕起伏，沿途需要攀越 4 座山丘，每一座都陡得叫人想立刻掉头走开。凸凹在第一个下坡就被溜冰场似的路面摔得四仰八叉，心里的退堂鼓敲得咚咚响。

过山车之路不适合没有车的人来——哪怕有辆自行车呢。试想在没有积雪的季节，骑车从坡顶俯冲直下的快感，凸凹简直快要笑出声来。美马牛车站边上就有一家可以租赁自行车的店铺，冬季以外开门营业。待到春暖花开，一定要骑着自行车再来挑战！

花田里的人
看不见我们吧?
既然建造了露
天温泉,就说明
看不见的吧~

富良野，一个基本可以和薰衣草画等号的地方。地图上的富良野，分上、中、下三处。上富良野和中富良野自然风景摇曳，美丽排队等着被看，是日本屈指可数的治愈系地带，最下边的富良野与它们俩相隔10公里开外，是城市化进程最快的地方。自然景点欠奉，但若想寻觅《北国之恋》《温柔时刻》等日本经典电视剧的实景，则不能错过。薰衣草之外，富良野地区还盛产胡萝卜、洋葱、土豆、玉米和芦笋。来北海道的中央陆地城镇，海鲜的选择自然消失，不如趁机多从新鲜的蔬菜中补充些营养。

富良野的薰衣草从何而来

如果用颜色来形容富良野，紫色应该是最没有争议的，因为这里的薰衣草花海在日本妇孺皆知。

富良野是区域统称，包括上富良野町、中富良野町、富良野市和南富良野町4个町市。花海盛开得最旺盛的地方，在中富良野町的富田农场。

薰衣草季节来访，不管是旅游团队还是自助背包客，都很难有理由不把富田农场纳入行程。凸凹十几年前第一次来富良野，也是二话不说先跑来这里报到。走近花田时，扑面而来的薰衣草味道至今令人记忆尤深。

富田农场这个名字也很有意思。富田，富足的田地，富良野的田地——汉语圈的游客会在潜意识中，不自觉地为它添一道美美的田园风光滤镜。但这份浪漫唯美，日本人可能体会不到：富田在日本是个常见姓氏。在他们的脑回路中，这个名字大概就跟“张家大院”“朱家菜”一样，找不出什么特别的闪光点。所有来参观的人都知道，“哦，接下来要去逛富田家的农场了！”

可是，为什么富田家的农场，会有这么多薰衣草？富良野的薰衣草又从何而来呢？

富田农场最早的主人叫富田德马，1903 年从福井县“入植”☆来到富良野，辛勤劳作，落户扎根。那时候薰衣草花种尚未被引进日本，德马和其他邻居一样，靠种粮为生。为富田家种下第一株薰衣草的，是德马的孙子富田忠雄。1958 年，26 岁的富田忠雄继承家业，做出的第一个决定便是在爷爷耕作的土地上辟出一块坡地，种下 1 000 平方米的薰衣草。

农家用农地种薰衣草，自然不是拿来观赏的。1937 年进入日本的薰衣草，在 1948 年以东京香料商委托栽种的方式，与富良野地区结缘。用薰衣草提炼精油制成的天然香料，彼时在日本的市场需求开始抬头。北海道的气候适宜薰衣草生长，为鼓励农户多种，当时的北海道政府还特别将薰衣草列为“奖励特用作物”，为栽种农户提供优厚的经济援助条件。

“种薰衣草比种土豆和小麦的收入更稳定！”这个优势很快吸引农家的注意，薰衣草以农作物的身份迅速扎根，并在日本的北国蔓延开来。富田忠雄也顺利搭上了这趟顺风车，一点点地将薰衣草田面积扩大。到 1965 年，富田家的薰衣草种植面积已是起步初期的 10 倍多，达到了 1.2 万平方米。

1970 年是薰衣草种植在北海道推广的巅峰时期，当时仅富良野一带就有 250 多个薰衣草专业户，目光所及之处皆有紫色。若有时光机能回到那个年代，想必能看到极为壮观的紫色花海呢。

不过这个巅峰时期仅仅维持了两年，随着 1972 年贸易自由化政策的实施，廉价的人工化学香料大量涌入日本，把高成本的天然香料打到难以招架。曾经旱涝保收的薰衣草变得只赔不赚，漫山遍野的紫色像被风吹散一般，一夜消失。

1973 年，还在留出农地种薰衣草的富田家，成了鹤立鸡群的另类。富田忠雄好几次都已经把拔除薰衣草的拖拉机开到田地边上，一次又一次无功而返。“再

☆“迁入某地区垦荒”之意。——编者注

种一年，就再种一年……”倾注整个青春耕种的薰衣草，变成中年富田忠雄的一个牵绊。开支靠其他农田收入补，薰衣草田就这么拖着拖着被“延续”了下来。

守得云开见月明，富田忠雄对薰衣草执着的爱和“拖延症”，在几年后为富田家带来了转机。

1976 年 5 月，JR 的前身——日本国有铁道的当月挂历上，刊登了这里的薰衣草田风景照片。一望无际的紫色花海引起日本民众关注，薰衣草不再是香料加工原料，开始有游客为看它远道而来。再之后，以富良野为主要拍摄地的日本国民长寿剧《北国之恋》也专程来取景拍摄薰衣草，高收视率帮助已小有名气的富田农场升级为殿堂级“必看景点”。自家种植、自家研发的薰衣草香水、香皂系列商品受到好评，光明大道越走越宽，富田忠雄再也不用拿其他农地的收入来补贴薰衣草田的亏损了。

紫色慢慢地返回富良野大地，薰衣草成为整个富良野区域独一无二的观光资源。成名至今已过去 40 余年，依然有源源不断的游客，只为一睹薰衣草花田的广袤风景，不远万里奔赴此地。JR 北海道甚至专门在富良野线上开设临时车站“薰衣草花田站”（ラベンダー畑駅），在每年的花季送来一批又一批的游客。夏天来富良野，经常会有“此地已被游客占领”的错觉。这也难怪，因为仅富田农场一处，每年到访的游客总数就超过 100 万——要知道，农场所在地中富良町的常住人口总数都还不到 5000 人。

当年日本国有铁道挂历的拍摄地点，现在叫“传统薰衣草花田”，这里也是富田忠雄种下第一株薰衣草的地方。在每年 6 月下旬到 7 月中旬的花期，这个藏在富田农场角落的花田，好像一条紫色花毯铺满山坡。顺参观道爬到最高处眺望，十胜岳连峰、富良野盆地以及紫色花海，当年的风景依然在。薰衣草的花语有很多：沉默、回答、挚爱与奉献。凸凹觉得，富田农场的薰衣草，还可以再贡献一个“坚持”。

闻香赏辨薰衣草

在富田农场，除了传统薰衣草花田，还有花人花田、彩色花田等 12 个花田，每个花田的开花时间与最佳鉴赏时间都有交错，保证从 6 月下旬到 8 月中旬都有花看。但最推荐的，还是大旺季 7 月中旬前后——毕竟只有这个时候，才有机会在位于农场正中央的“倖之花田”，看到 4 个品种的薰衣草表演竞相齐放的紫色四重奏。

在花季的富田农场，想寻找一个没人的时段几乎不可能。唯一的办法就是早起，与升起的太阳同时踏进农场。农场四周没有阻拦，花田 24 小时开放。早晨，部分花田还处于背阴处，薰衣草看起来更加浓紫，比较上相。

在北海道的中心混浴

“周围一片雪白，身子泡着露天温泉。冰雪热汤，觉不觉得是很奢侈的体验？”——第一次听东京的朋友聊起对雪见温泉（雪見風呂）的向往时，凸子整个人都是蒙的。札幌的冬天雪从 11 月下到转年 3 月，关东人憧憬的泡汤赏雪，是北海道人的标配。

能让凸子这个“三分之一道民”觉得“奢侈”的雪见温泉，还需要在露天和赏雪之外，另有些特别之处，比如混浴。

日本人在洗澡这件事上有很多费解的执念，混浴是其中之一。他们反对把毛巾浸入浴池涮涮擦身，却对陌生男女裸身同汤抱有最宽容的胸襟。明治维新那么彻底的西化改革风潮，也没能废掉被西方人惊呼“野蛮”的混浴。日本现行的《公众浴场法》已不允许再新建类似设施，但在深山或者温泉老铺，混浴依然有迹可循。

有些阅历的北海道人，都知道上富良野町的混浴秘汤“吹上露天汤”。日本国民电视剧《北国之恋：1995 秘密》中，宫泽理惠在这里有一场长达 8 分钟的入浴戏，是它最好的宣传代言。网上可以找到这段记录：20 岁出头的宫泽理惠皮肤吹弹可破，和男主角黑板五郎在露天雪景中泡汤倾吐心声。美人和美景盖住了混浴的违和感，现在看仍然觉得精致。

富良野的行程刚好排在了 2 月。雪景浑然天成，拜访混浴秘汤“吹上露天汤”成了顺水推舟的事情。舍不得孩子套不着狼，羞涩顾虑……去了再想吧。

秘汤的“秘”，指隐藏在山坳自然中，成为秘汤的大前提就是交通不便，“吹上露天汤”也不例外。自驾略好一些，但若想利用公共交通工具，在美瑛与富良野之间的 JR 上富良野站下车，换乘前往十胜岳温泉方向的町营公共汽车是唯一办法。

从 JR 上富良野站出发，前往温泉所在地“吹上憩广场”（吹上いこいの広場）的公共汽车一天只有 3 趟：8:52、12: 49 和 16: 31。返程时间为 10:02、13:52 和 17:41。单程耗时 30 分钟，车票 500 日元。错过一班会影响整天的行程，所以搭乘前一定要仔细确认时间。

在站前广场上等来的公共汽车，是一辆长得完全不像公共汽车的中型面包车。都坐上车了，凸子还在不放心地跟司机确认：“这车真能到吹上憩广场吗？”司机瞥了一眼裹得像粽子一样严实的凸凹，也很疑惑：“那里除了温泉什么都没有，你们确定是要去那里吗？”

车开出不久，会经过后藤纯男美术馆站——这也是大多数搭车游客的目的地，然后就开始沿山道一路爬坡。披着厚厚白雪的山头高高低低，看起来像刚出锅的馒头，公共汽车就停在了这些“馒头”之间。下车的地方是温泉的停车场，司机大叔好心指路：“停车场旁边有条路，径直走下去就是温泉。”

通向温泉的下坡路白桦雪松环绕，冬季走起来略微吃力。跌跌撞撞走到一半，透过树缝隐约看清了设施全貌：大小不一的两个池子，摆着一条简易凳子的空地，这就是秘汤混浴的全部了。跟二十几年前的电视剧相比，唯一不同的只有温泉颜色：宫泽理惠泡的是牛奶色，而眼前热气升腾的温泉清澈透明。

“吹上露天汤”的前身为“吹上温泉”，是一家从明治时代末期营业至昭和十八年（1943 年）的温泉设施。后来倒闭，但浴槽得以保留，成为当地人和登山滑雪客的私藏秘汤。20 世纪 80 年代末，日本掀起“秘汤热”。上富良野町将周围整备，修整为现在的“吹上露天汤”。

时间及费用：
24 小时免费

温泉源泉温度：
47 摄氏度

泉质：
酸性-纳、
钙-盐化物

初次混浴的伙伴，是带着两个学前小朋友的年轻夫妇和一位大叔。凸凹抵达时，大叔正在向年轻爸爸讨教旭川好吃的拉面店。刚刚在停车场看见的两辆车分别挂着旭川和札幌的车牌，看来大叔来自札幌。眼角余光快速扫过两位异性，凸子拉了一把假装望天的凹子："没事儿，遮着呢。"

"早上好！"即使是陌生人，日本人在山林间遇到也会互相打个招呼。先回应凸凹的是抱着女儿的妈妈，"是第一次来吧？你们有做准备吧？"她指了一下自己和女儿身上配套的母子款游泳衣——普通温泉绝对禁止的游泳衣，在混浴时是例外。穿游泳衣或者裹毛巾，不是混浴的必要条件。尤其是男性，选择余地通常更大。比如眼前穿着游泳裤的年轻爸爸，和只有毛巾遮身的札幌大叔，都是正解。

这里没有换衣间，穿脱衣服就在池边。"吹上露天汤"不能使用洗发水、沐浴液，也不必泡前净身，脱了衣服就可以泡。年轻妈妈跟凸凹搭话的时候，札幌大叔很自觉地将身子背转了过去。因为碰到友善的混浴伙伴，初次混浴比预想中顺利好多。出发前已将游泳衣穿在里面的凸凹，在零下的天气里迅速甩掉羽绒服，小跑冲进了温泉。

顺势扎进浴槽的身体迅速升温。待到下一秒，热汤已轻松跃过皮肤，随血流贯通全身，好烫！47 摄氏度天然直流的源泉，顺引水管一站直达，中途既没有加水，也没有调温。温度调节需要泡汤客人自己动手：热了就把引水管拿出浴槽，感觉凉了就再放进来。两个浴槽中，位于上方的温度更高，即使在冰天雪地里泡，待上两三分钟也会想露出上半身透口气。

浴槽临近山崖，正下方有河川潺潺流过，白雪簌簌落向山林深处，野趣四溢横飞，铺天盖地。如果没有紧贴的游泳衣拽着，凸凹的心都要随偶尔经过的鸟儿一起飞走了！混浴适合人生阅历丰富又放得下的成年人。你看另一个浴槽里的札幌大叔，脸庞红彤彤，头顶着毛巾，看起来好享受啊。

一家四口是常客，年轻妈妈说她在这里见过居民夫妇、送报纸大叔、大学生团体、环游的旅人……泡汤的人形形色色，人多时十几口子一起泡是常事。“初来乍到的都好奇又害羞，有些人犹豫半天泡了个足汤。”最豁达的是常客，脱、泡、穿、走一气呵成，基本目不斜视，也基本没有遮掩。

惦记着回程的公共汽车，凸凹的混浴初体验在 30 分钟后收场。因为札幌大叔善意地提前离场，穿衣服环节也没遇到太大障碍：拿浴巾互相遮挡一下就解决了。“吹上露天汤”泉质酸性值大，泡过温泉的皮肤柔滑，触手可感。对于常客而言，相较于混浴如何如何，或许汤质才是他们最感兴趣的话题吧。

升腾在头顶的热气尚未散尽，重新裹回粽子状的凸凹在来时下车的地点，等来了回程的公共汽车。据说夏天山林翠绿时很美，希望下次来不仅能看到美景，也还能碰到善良的混浴伙伴！

混浴不设防，看和被看都不可避免。但盯着看，在任何场合都是不礼貌的行为。感觉眼神无处安放的时候，就专心欣赏一下风景吧。

北海道的粉雪与滑雪

北海道的雪棱角分明，因为形成的气候条件稳定，小雪花大多是清晰端正的六角花型。它们含水量少，落到衣服上不会迅速融化成水珠，踩在脚下能发出悦耳的“咯吱咯吱”声，像小麦粉一样松散细软，在日文中被称为“粉雪”。

粉雪特别适合滑雪。无风时飘然落地的粉雪暄暄的，雪花之间自然形成的空隙，如同给雪板加配一层气垫。滑起来有种难以形容的爽快浮游感。北海道的滑雪期漫长，每年12月开始，次年4月初才会结束，其中1月中旬至2月底是滑雪旺季，因为这期间新雪不断，是雪质最棒的季节。

北海道内滑雪场俯拾皆是，不过出名的多集中于富良野、旭川所在的道北地区，以及交通便捷的道央地区。凸凹去过以及私房推荐的也以这两个地区为主。

体验粉雪最棒的是滑雪场内的“非压雪区”。没有压雪车整理的雪道100%纯天然，考验滑雪技术，但是非常过瘾！

美瑛·富良野篇

美瑛选果

每次去美瑛的必打卡之地，因为所有“美瑛产”的好吃的都能找到。玻璃建筑简练洋气，从外到内充满设计感，连玉米、葱头都有叫人高呼可爱的精致包装。最中意“小麦工房”的现烤黑豆面包，100% 美瑛产的小麦香和扎实的黑豆口感相得益彰，是专属于到访者的美味。

地址：美瑛町大町 2

小小面包房 LIKKA LOKKA

年轻主人自己搭建的乡村小木屋，温馨且裹着诱人的烘焙麦香。进店视野右侧，用本地产小麦和天然酵母打磨出来的面包宝石般闪闪发光。左手边靠大玻璃窗设置的座位能将山丘美景尽收眼底。新烤出炉的面包就着浓郁麦香送入口中，弹牙的口感蹦跳着打开一扇新的味觉体验大门。为了这间面包房，可以再去 10 趟美马牛！

地址：美瑛町美马牛南 1-5-50

Spoon 山谷的 ZAWAZAWA 村

山丘中赫然出现的“小村落”，完全就是一个与世隔绝的童话世界。每天只接待 5 组住宿客人，一组一栋小木屋。推门跟邻居点头问好，像是住进了自家别墅，也像是回到了亲切的乡下老家。“村长”从大阪移居而来，对于“城市动物”的田园生活向往了如指掌，建筑内装处处透着温馨。最近几年人气高涨，能预约到是福气！

地址：美瑛町大村大久保协生

白须瀑布

落差 30 米的小瀑布，冰雪连天的季节透过长焦镜头眺望，能收获肉眼捕获不到的细节美。从岩石缝隙涌出的地下水直接汇入美瑛川，交汇出的钴蓝色溪流在白雪蘑菇团的映衬下更显清澈，不好接近。第一次去的时候还抱怨过不能仰视近观，后来懂了，这就是明明白白的“距离产生美”。

地址：美瑛町白金

Kent Shiraishi 摄影师之宿 TEFUTEFU

摄影师白石 Kent 不认识？没关系，只要晓得他是 Macbook 笔记本电脑那张超级出名的壁纸“青池初雪”的作者就够了。TEFUTEFU 是他经营的民宿，大多数住宿客专为听照片背后的故事而来。不过凸凹知道它全拜一位喜欢为吃旅行的好友所赐：“那里晚餐提供的蔬菜奶酪锅，超棒！”

地址：美瑛町美泽双叶

Hat! 狗拉雪橇

这里狗拉雪橇的绝对主角是狗，人不过是它们散步玩耍时捎带上的行李。拉雪橇的狗狗是远比哈士奇跑得快的杂交犬，提前讲解的时候工作人员就会提醒，“肯定摔跤”。雪地中狗狗飞驰电掣，需要自行掌控雪橇的游客没有体力完全玩儿不转。在坡道起伏的林海雪原被狗遛，想想也是非常难得的体验呢！

地址：南富良野町北落合 308-6

Berries 农场咖啡店(Farm&Cafe berries)

这里能吃到红透全日本的超级限定“虾夷阿姆布丁”。连打蛋都不用机器的精致纯手工布丁，像奶酪蛋糕一样切成牙儿装盘上桌，味道浓得叫人吃惊（数量极少，需要预订）。生产布丁的虾夷阿姆布丁制造所虽然也在富良野市内，但那里几乎是没有汽车不可能到达的地方。细想想，还是在 Berries 的户外长椅上品尝，再顺带采摘一下应季莓果更舒服。

地址：南富良野町落合 666

能“摸”到星星的山丘露营地

这个露营地最大的卖点已经写在名字里了。营地环山，完美地阻隔周围的人工照明。没有露营设备也不打紧，租一间带床铺的木屋一样可以点着篝火仰望星空，流星、银河甚至人造卫星都能看得一清二楚。第二天清晨被营地放养的牧羊叫醒，继续踏上下一段征程。在自然中深度呼吸，这样的日子会不会太奢侈了？

地址：中富良野町 beberui

咖啡森之时计

“吧台座需要自己磨咖啡豆，可以吗？”选座位时被店员问到。当然可以！既然是日本经典电视剧《温柔时刻》的拍摄地，只要能霸占吧台靠角落的那个座位，干什么都可以。一眼在吧台后方的矮柜上寻觅到剧中的马克杯，久别重逢的亲切感瞬间捂热心头。可惜人气太旺的店坐不踏实，心里琢磨再来应该选晚上快关门的时段。

地址：富良野市中御料

Campana 六花亭

六花亭不仅卖甜品，还在北海道经营着多处主题各异的花园。富良野这间六花亭，全玻璃窗建筑之外是广袤的葡萄架和连绵不断的十胜岳峰峦，购物环境完美得好像个景区。除了朗姆奶油夹心饼干冰激凌等六花亭直营店特供，全日本仅此一处的“富良的年糕”（ふらのち）和“富良野豌豆年糕”（富良野のあんころ）是绝对不能错过的必吃必尝好物！

地址：富良野市清水山

富良野“北海肚脐祭”

在肚皮上画上假人脸，然后遮住真脸露着肚皮跳舞的“奇祭”。举办地点在北海道的正中心富良野市，每年 7 月 28 日和 29 日两天举行。肚皮舞舞步简单，高举藏在帽子里的双手，左右轻扭“肚皮脸”，抬脚跟着节奏前行就行。是一种土味快乐！很容易跟当地人打成一片，是北海道“肚脐城市”夏季特有的一道风景。

地址：富良野市新相生大街特设会场

旭川市内流淌着多条河川，走几步就能看到“某某桥”。名气最大的就是横亘于石狩川上的旭桥。1932 年引进德国钢铁，结合当时最新技术打造的拱桥是旭川的骄傲，目前仍是市内的交通要道之一。桥边空地能看到旭桥与远方大雪山远近辉映的景色，周围环境被照顾得极为精心，是非常有旭川特色的一个剪影。

旭桥

日本酱油工业

从神社返回车站，再出车站北口步行约 15 分钟奔向日本酱油工业，看见一处传统酒藏建筑似的长屋建筑就是了。由“日本清酒旭川工场”变身而成的“日本酱油工业”，现在是闻名全日本的酱油老铺。长屋一角为直营店，售卖各种口味的酱油以及酱油口味的花样甜品零食。凸凹喜欢这里的酱油冰激凌和酱油羊羹，羊羹当伴手礼送给日本朋友后大受好评。

凸凹推荐行程

前往美瑛、富良野，最理想的出发地点不是札幌，而是旭川，因为可以搭乘火车一趟直达。除了是理想的中转地点，旭川本身也充满作为观光主角的特质。拿一份城市地图，随性溜达半天就能发现，这个北海道第二大城市除了著名动物园，其实还有很多值得深挖的好故事。

旭桥不仅能看，还能吃。就在旭桥附近，有一家叫作福吉咖啡的和风人气店。砖墙木窗的外观比周围的水泥建筑显得老成很多。店铺由旭川福居制馅所和吉川园茶屋两家老店联手经营，模仿旭桥形状的鲷鱼烧现烤现卖，搭配小豆、宇治抹茶和牛奶的三层拿铁一起下肚，是大多数来访者的必点菜单。

福吉咖啡

水野拉面

吃完甜的再补充点咸的，福吉咖啡马路对面的水野拉面店是凸凹的至爱。小店是日本老片中常见的昭和时代的模样，老夫妇两人负责打理店内一切。金牌菜生姜拉面几乎桌桌可见，酱油猪骨汤底醇而不重，剐着喝也不烧心。鲜香的姜泥提味又暖身，一碗下肚热气串通身体各处，舒服得想要微笑着剔牙。借着这股热气，溜达回旭川车站刚刚好。

散步以旭川车站为起点。充满木材装饰的现代风格，强调出旭川在北海道林业生产及加工领域的绝对优势。四散于各角落的公共空间设计非常贴心，明明是硬木材质，却到处透着温馨。最中意车站南出口靠窗的休息区，玻璃墙外正对着都市公园，完全就是一件户外装置艺术品。

旭川站

出车站南口跨过神乐桥，穿越住宅区奔向上川神社。神社现址是上川离宫御用地，周围的森林是北海道原住民阿伊努族奉为圣地的领域，双重护航下的上川神社人气坚定难撼，也是当地街头巷尾皆知的壮财运的能量场。起大早去拜访可以偶遇超级多可爱的虾夷松鼠。

上川神社

逛逛

拼布之路

地址：上川郡美瑛町大村

全景之路

地址：上川郡美瑛町本町 4 丁目

白金青池

地址：上川郡美瑛町白金

JR 美瑛站

地址：上川郡美瑛町本町 1 丁目 1

柔和七星之丘

地址：上川郡美瑛町字美田

JR 美马牛站

地址：上川郡美瑛町美马牛北 1 丁目

过山车之路

地址：空知郡上富良野町西 11 线北

美瑛町立美马牛小学

地址：上川郡美瑛町美马牛南 2 丁目 2–58

kanno-farm

地址：空知郡上富良野町西 12 线北 36 号

富田农场

地址：空知郡中富良野町基线北 15 号

JR 薰衣草花田站

地址：空知郡中富良野町中富良野

JR 上富良野站

地址：空知郡上富良野町本町 3 丁目

吹上露天汤

地址：空知郡上富良野町吹上温泉

后藤纯男美术馆

地址：空知郡上富良野町东 4 线北 26 号

番外篇之旭川打卡

大名鼎鼎的旭川市旭山动物园，远离市中心，静守在靠近郊外的一角。这里以“行动展示”为重点，打造出近似自然生态系统的饲养环境供动物们栖息。冬季帮企鹅做运动的“企鹅散步”非常有人气。前往时也请用超厚棉服把自己裹成企鹅，因为冬天的旭川真的冷到超乎想象。

地址：旭川市东旭川町仓

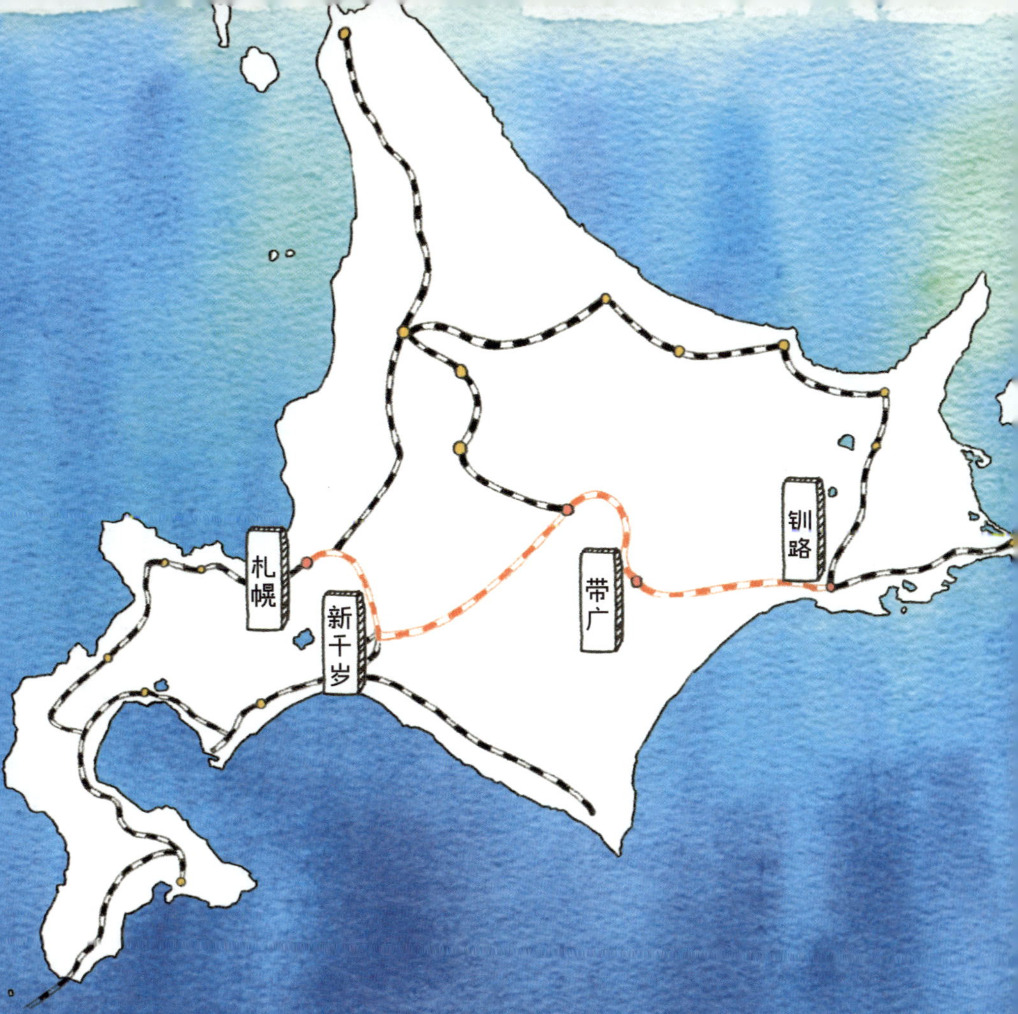

札幌 ➡ 带广 ➡ 钏路

新千岁机场站 ⇨（JR 千岁线 · 约 3 分钟）南千岁站 ⇨（JR 特急十胜 3 号 · 约 2 小时 7 分钟）⇨ 带广站

札幌站 ⇨（JR 特急大空号 · 约 2 小时 27 分钟）⇨ 带广站

带广站 ⇨（JR 特急大空号 · 约 1 小时 41 分钟）⇨ 钏路站

带广是北海道东南部十胜平原的中心，由十胜平原产的农作物和奶酪制品加工而成的各种诱惑，零星分布于城市角落。尤其是甜品类，大到人人皆知的“六花亭”“柳月”，小到街边不起眼的蛋糕房，味正料足，绝对不会令人失望。从带广出发，还可以去邻接小镇泡“美人汤”、品葡萄酒、农场野餐……脂肪是来这里旅行最好的纪念。

去没有存在感的带广刷存在

北海道的冬天又长又冷，白雪覆盖住一切，给大地按下静音键，抹去事物的存在。对于大多数游客，带广就是这样一座隐于雪下的城市，质朴而无声，找不到什么能让人惊鸿一瞥的存在感。但凸凹偏要挖雪三尺，去扒一扒那些被忽略的乐趣，刷出这座城市的隐藏版快乐。

凸凹刷存在的第一站，是当地人过新年“初拜”必访的带广神社。清晨一大早，水蒸气凝结成冰晶漂浮的“钻石尘”尚未褪去，让庄重的神社看起来闪亮发光。带广神社供奉着大国魂神、大那牟迟神和少彦名神，据说在保佑经营开发、辟邪驱鬼以及交通安全方面比较灵验。遇神先拜！掏出象征“有缘”的 5 日元硬币投进功德箱，拍手鞠躬一套仪式做完。也顾不上欣赏周边风景，凸凹三步并作两步先奔去求绘马。

写啥?
帶廣神社

绘马就是祈愿牌，以房子造型的五边形最为常见。带广神社的绘马形状有多个选择，但大多数人都会选农耕马这一款。听说，这也是日本星罗棋布的神社中，唯一的一款马造型绘马。

写好的绘马要挂在绘马架上。凸凹聚在绘马架前寻找空地儿的时候，忽然听到身后传来阵阵有节奏的“咚咚咚”声。“啄木鸟吗？”狐疑地回身找去，眼神居然对上了一只抱着松果的虾夷松鼠。

“神社还能看到‘Shima enaga’哦！”似乎是本地的一位阿姨，看见凸凹“游客”风范十足地对着松鼠拍个不停，好心地过来搭话。Shima…enaga？“你们有看到那个鸟形状的御签吧？那个就是 Shima enaga，白白小小的一团，超可爱的。”

“中文好像叫‘白色银喉长尾山雀’，据说是整个鸟界的可爱担当……”低头查手机的凸子被凹子拽了一把，“快抬头，看活物！”

带广神社正门附近，是横亘北海道东部地域，通向太平洋的道内第二大河川十胜川。穿着制服的年轻学生走在川床上，聊梦想聊未来，是热血日漫中的常见桥段。地图上，河川沿岸是绿草丛生的十胜川河川公园足球场。但凸凹造访时是冬季，这里白雪皑皑，四下无人，呼呼的河风和哗哗的流水声催人离开。

或许是带广神社的许愿立地显灵，被风吹得东倒西歪往回返的凸凹，又遇到善良的带广市民指路——这回是位遛狗的大叔：“来看天鹅的吗？我刚在带广川那边看到了不少。”

嘿，原来这儿还有天鹅可以看！

带广川是十胜川的一条小支流。三步并作两步跨出足球场，再过一条小马路就是。查过才知道，每年从西伯利亚飞来过冬的天鹅，也是带广一道独特的风景线。从 10 月末入冬到转年 4 月，带广川及十胜川都有目击天鹅的机会。感谢好心的遛狗大叔，让凸凹歪打正着遇到了。

松鼠、山雀、天鹅……带广刷存在之行注定与动物结缘，坐车离开带广神社的凸凹，这会儿已一副痴汉脸地站在带广畜产大学门口，准备去看本趟行程中最大的动物了。

“走，去带广畜产大学看马！”

带广畜产大学

映画「銀の匙」ロケ地見学コース
映画「銀の匙」ロケ地見学者へのお願い
帯広畜産大学

在大学导览牌中找到带广畜产大学的马术部，沿校内最宽敞的大路直行前往。马场周围没有高楼围攻，白桦防风林让这里看起来更像郊外乐园。乐园的主角，各种马儿就悠闲地散落在各处。大概所有生物都不想在冰天雪地里多走一步路，没有比赛和训练的“专业运动马”，看起来百无聊赖。马术训练集中于凌晨和清晨，想旁观这些毛发油光锃亮的家伙大显身手略微困难。不过对于“水泥森林生物”凸凹而言，能在一箭之地看见十几匹矫健的马匹，已是难得的非日常体验了。

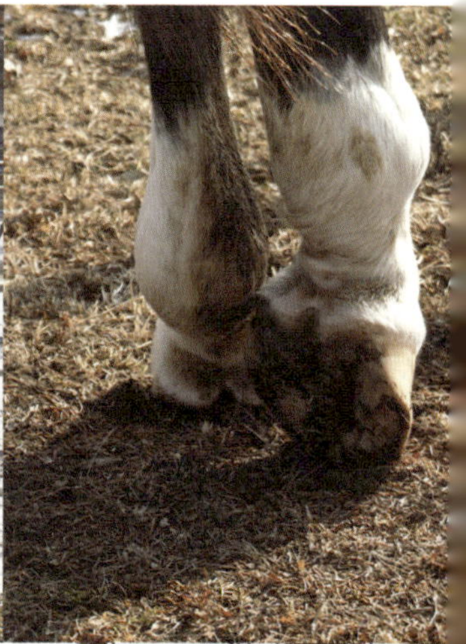

马术部的马厩采用红色尖顶木屋设计，充满北海道特色。凸凹正对着马术部网站，试图分辨出眼前几头马儿名字的时候，突然远处传来细细的一声：“你还好吗？”

带广人都喜欢跟游客搭话的吗？赶紧顺着声音寻去——只允许马术部相关人员进入的区域内，一个包裹严实的小男生，正一步并作两步开心地奔向一匹关在单间里的马。那句“你还好吗”，原来是说给马听的。

小男生在马前站定，从书包里掏出一个袋子，又从袋子里摸出些吃的放到手心。马也很配合，在小男生伸出手的瞬间，就立刻凑过头去享受从天而降的零食。“好乖，好乖！”小男生一手举着吃，一手轻拂着马脖子。太阳给周围加了柔光，那个瞬间，仿佛看到了打破次元墙的日漫男主角降临人间。

说起带广的马，少不了要提到“农耕马”。农耕马属于重型挽马，腿短力大能拉重物，是北海道农业开拓历史上的重要角色。开荒时期的农民为了比较马的实力，常会让两匹农耕马互拉对决，后演变成拉铁雪橇奔跑的竞赛。时光荏苒，对决进化成现在独一无二的农耕马比赛“挽曳赛马”。

日本赛马场众多，但挽曳赛马仅限带广赛马场这一处，也是本趟带广刷存在之行的大站。为看比赛，凸凹特意将带广之行安排在了周末，因为赛马只在周六、周日和周一的下午至晚间举行。

正门入口的农耕马雕像、十胜村小卖店、赛马场吉祥物 Ricky、场内问询处、赛马券贩售点……赛马场内看点不少，但都不如专注研读“马经”的赛马迷来得抢眼。反正单注只要 100 日元，随手抓起一张考试填涂卡一样的马券，“我们也试下运气呗？”

ばんえい十勝
入場口
R
リッキー

馬の資料館

十勝農協連
帯広競馬場

赛马场一层的入门指导柜台，有工作人员手把手教马券的填写和购买方法。“只想体验着买一注，该怎么办好？”接待凸凹的阿姨经验丰富，再没头没脑的问题也能应对自如：“买下一场独赢，选推荐比较多的 3 号或者 6 号。可以先去赛道边的围场观察一下，状态沉稳的马比较容易出成绩哦！”

出现在围场的，都是等待出场开跑的选手。跟带广畜产大学精悍的跑马相比，农耕马身躯庞大、四肢粗壮，更像肌肉结实的横纲级☆相扑选手。每匹马都有骑手，临近比赛，人与马都在进行最后的调整。围场是赛马迷确认马匹状态的地方，但他们通常看看就走，不会久留，停留最久的反而是像凸凹这种观光客、摄影发烧友以及拖家带口的旅客——因为这些人真的就是来看马的。

☆日本相扑运动员最高级资格。——编者注

挽曳赛马的赛道是全长 200 米的直线赛道，中途设有两处爬坡和一处沙石障碍，体重超过 1 吨的农耕马拉着跟体重几乎一样的铁雪橇，比拼力量和速度。让总重两吨以上的庞然大物风驰电掣显然不现实，所以窝在暖和的观赛室里，素人观众只能看到老牛拉车一样的光景。

欣赏挽曳赛马最好的位置是紧挨着赛道边的激战观赏区。观赏区是一条长度与赛道几乎一样的宽阔露天空场。其他赛马比赛中很难想象的“跟着马一起前进”的景象，在这里轻而易举就能实现。

近距离更容易产生临场感，往日里轻言轻语的日本人，在农耕马冲出栅栏的瞬间，也会放大音量，任情绪飞扬：“加油！加油！”“× 号，不要输给其他马！”“× 号，别停啊，往前跑，往前跑！”他们一边喊，一边跟着马儿们的节奏快步前行——出于安全考虑，观赏区禁止跑动。但这不是问题，马速不快，快走完全追得上。

レース
I II III IV V
タイ
馬場水分

如果有个高空视角，大概能看到 10 条由马牵头，快慢交替平行前进的直线，以及一团随直线缓缓向前移动的圆点。圆点里偶尔还会有小分子前后漂移，那是摄影发烧友在前进、后退、再前进地追着马拍照。跟传统赛马相比，挽曳赛马对于肾上腺素的刺激能力有限，但欢乐程度排名靠前没问题。

200 米的角逐瞬间结束，胜败见分晓。入门指导柜台阿姨推荐的 3 号，居然第一个跑完全程，拿到当场冠军。“3 号，恭喜！”“× 号，辛苦啦！”“× 号，下次继续努力哦！”……鼓励的声音在观赏区此起彼伏。“我们原本要押的就是 3 号诶？！”拿着选好却没来得及购买的马券，凸凹也只好互相安慰，“下次继续努力吧！”

北海道
野生动物图鉴

自然环境优越的北海道也是野生动物的天堂。它们血统偏北，与隔海相望、生活在日本本州的同类截然不同，有些更是仅在北海道才能寻到踪迹。海陆空三路代表，你能有缘偶遇谁呢？

条纹猫头鹰

肤白，自带咖啡色条纹。居住在北海道中部和东部的树林中，是阿伊努族敬仰的“村镇守护神”夜行动物，白天见不到。

偶遇概率：★☆☆☆☆

丹顶鹤

钏路湿原原住民。站立的时候不显高，但翅膀伸展开超过2米，是日本野鸟界体型最大的。

偶遇概率：★★★★☆

虎头海雕

持俄罗斯“护照”，越冬时飞来北海道，聚集于东部根室海峡一带。最爱的食物是北海道特产大鲑鱼。

偶遇概率：★★★☆☆

白尾海雕

繁殖于欧亚大陆北部，大部分跟虎头海雕一样会在冬季降临此处，也有极少数常年定居在北海道东北部。

偶遇概率：★★★☆☆

胡麻斑海豹

灰白色的身体布满斑点，生活区域集中在北海道北礼文岛周围，以及道东野付半岛等地。小海豹全身奶油色，可爱极了。

偶遇概率：★★★☆☆

带纹海豹

没有胡麻斑海豹那么可爱但胜在长相特别。根室海峡以及鄂霍次克海沿岸是它们钟爱的栖息地。

偶遇概率：★★☆☆☆

虾夷鼯鼠

大眼睛、三头身的萌物，北海道交通IC卡Kitaca代言人。生活区域遍布道内平原高地，夜行且警惕性超高，想见到不容易。

偶遇概率：★☆☆☆☆

北狐狸

道内各处都是它们的家，走山路时经常擦身而过。冬天毛茸茸的很可爱，不过身上的寄生虫也很厉害，千万不要上手摸。

偶遇概率：★★★☆☆

虾夷鸣兔

胆小怕事，藏身于1000米以上的高山岩石缝隙之间。爬山时听见高调短促的"哔"声，十有八九来自它们。

偶遇概率：★☆☆☆☆

虾夷鹿

多，非常多，横跨马路被车撞的新闻常见。一夫多妻，成群行动，遇人不会立刻跑开，但也不会像奈良小鹿那样能随便近身。

偶遇概率：★★★★☆

棕熊

完全不想偶遇，但非常推荐添加在知床坐船观察野生棕熊的行程！

偶遇概率：☆☆☆☆☆

海狮

体壮膘肥，雄海狮体重能达到1吨。在繁殖期以外通常没有固定栖息场所，秋冬季会在稚内弁天岛附近现身。

偶遇概率：★★☆☆☆

虎鲸

海豚的同类，海豹的天敌。在5月－7月的知床半岛罗臼港根室海峡，坐船出海比较容易遇到。虎鲸中好奇宝宝多，很多会主动靠近游船。

偶遇概率：★☆☆☆☆

十胜是北海道内晴天率较高的地区。新绿季节看花园森林的花花草草，9月以后是满眼金黄色的收割季，隆冬季节大地恢复平静。这里的主角是一望无垠的田园风光和牛、马、猪——牛用来产奶，马是助力帮手，猪是美味的盘中餐。

十胜，美与食

十胜不是单独的一处地名，而是泛指一片地理区域。日语中称为“十胜地方”的区域，位于北海道东南部，占北海道总面积的 13%，由 1 市 16 町 2 村共同构成。“1 市”比较好辨认，是十胜的中心带广市。除此之外的 16 町和 2 村是哪里，一般日本人都说不上来。但这并不妨碍他们定义十胜：“十胜，农业王国！”

十胜是日本的大粮仓，供应着全日本 46% 的小豆、40% 的甜菜、32% 的马铃薯和 25% 的小麦。而且因为平坦的平原地形适合发展畜牧业，“牛比人多”的十胜，牛奶乳酪等奶制品产量也是日本第一。逛日本超市，经常能瞅见标着“十胜产”字样的商品，在重视食物产地的日本，“十胜”二字意味着绝对的质量保证。

关于“农业王国”的实力，凸子在 2017 年初春领教过。受前一年台风影响，十胜马铃薯歉收，导致日本零食巨头卡乐比和湖池家弹尽粮绝，被迫停售旗下 40 余种薯片商品——这两家公司用的马铃薯，70% 以上种在十胜。全日本顷刻间陷入“薯片冲击”，超市货架上薯片区空空荡荡，害凸子整个春天都没能过上快乐的“沙发土豆”生活。

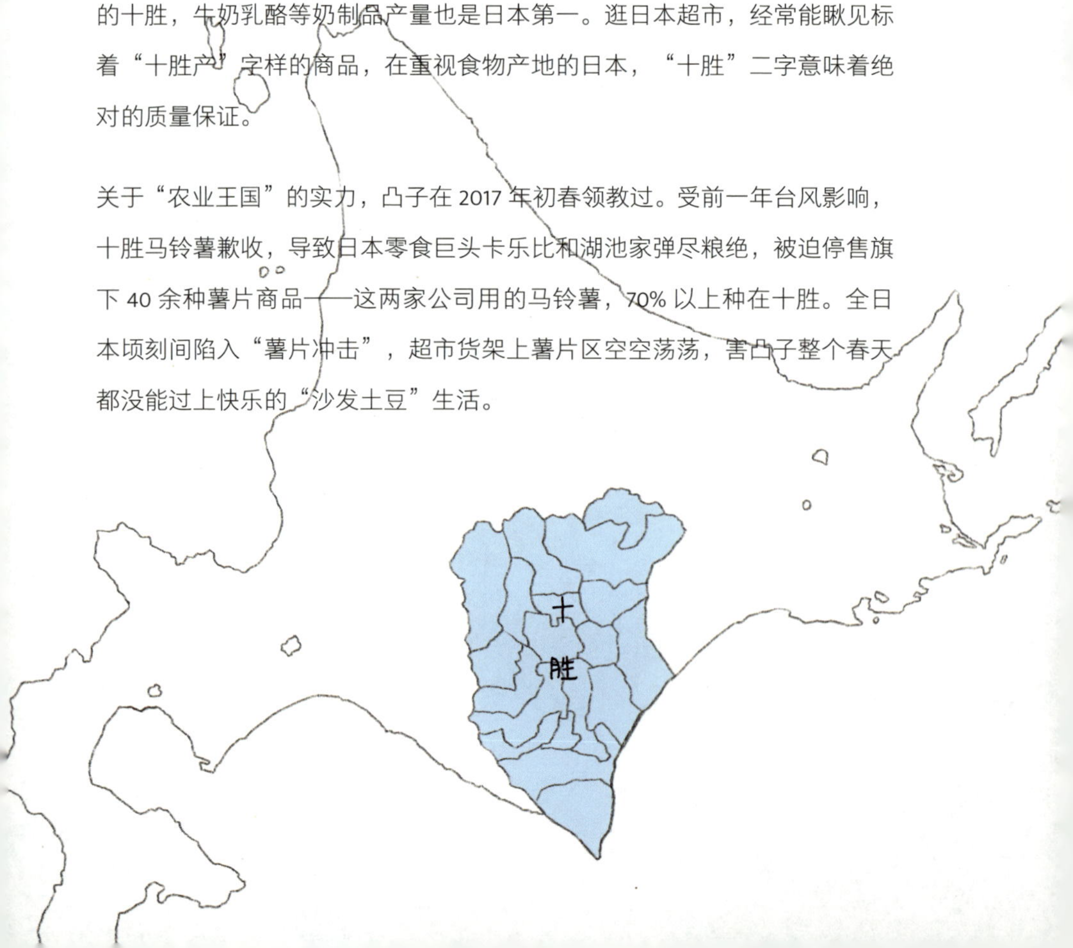

动身出发之前，脑海中对“十胜”已有一幅清晰的构想蓝图：大平原，一眼望不到边的防风白桦林整齐划一，昂首挺胸，庇护着延绵不断、几何拼图形状的田地。“静静的村庄飘着白的雪，阴霾的天空下鸽子飞翔。”农业王国的自然田园，就是最美的风景。

这样的场景，在十胜唯一的市级城市带广比较难寻觅到。JR 带广站内的带广观光协会咨询小姐姐听完凸凹的描述，拿出一张足有 A2 纸大小☆的十胜观光地图，在邻接的音更町画了一个小点：“公共交通比较方便的，就是这个‘白桦树的街道’了。”

白桦树的街道位于音更町家畜改良中心十胜牧场，代表性风景因多次登上电影银幕而被日本民众熟识。小姐姐说的“比较方便”只是相对概念，因为途经这里的公共汽车全天仅 5 班而已。全长 1.3 公里的白桦林和银装素裹的十胜平原雪景，是想象中十胜的模样，也让凸凹陷入了沉思：“我是谁？我在哪儿？我该去向哪里？”

☆ 42 厘米 × 59.4 厘米。——编者注

在冬天的十胜活动，比想象的还要困难。即便是抗冻又能走的凸凹，也不得不举白旗投降。而且非常不巧的是，凸凹还来早了——原本列入行程的上士幌町糠平湖上的“梦幻之桥”Taushubetsu川桥梁☆，以及丰顷町大津海岸的“宝石冰”，都因为气温不够低，尚未到冬季最佳观赏时节而未能成行。十胜的风景都是大自然的馈赠，老天不想赠的时候也没有办法。“一期一会”，这期见不到就下期再见吧！

☆ Taushubetsu 在阿伊努语中是『有白桦树的河流』之意。——编者注

梦幻之桥·冬

梦幻之桥·夏

不下雪的季节，十胜又是另一番景色。北国花季珍贵，道民会在 5 月到 10 月期间使出浑身解数，让周围变得色彩斑斓。还记得凸子第一次来十胜，就被喜爱花花草草的日本同事拉来看“北海道花园街道”。

有必要千里迢迢看个街道吗？来了你就知道了，这条街道不是一般的长：从大雪山山麓开始，途径富良野抵达十胜，全长 250 公里的路上分布的 8 处风格各异、充满北海道特色的自然大花园，统称为“北海道花园街道”。

十胜是花园街道的大主角，因为 5 处庭园都在这里：清水町“十胜千年森林”、带广市“真锅庭园”和“紫竹花园”、幕别町“十胜丘陵”，以及中札内“六花森林”。尤其是最后一个“六花森林”，由北海道最出名的甜品公司“六花亭”一手经营，包装纸上那些娇艳夺目的“十胜六花”，都可以在这里找到原型。

紫竹花园

六花森林

日本有句俗话说得好：“比起赏花，团子更令人欢喜。”六花亭不能光看，还要送进肚子里，才算不枉此行。1933 年在十胜带广起家的六花亭，早已成为来北海道旅行时的必买伴手礼。“没吃过猪肉，也一定见过猪跑”，大名鼎鼎的草莓巧克力或者朗姆奶油葡萄干夹心饼干，绝对是六花亭的经典点心。尽管论店铺数量，札幌及周边地区远超十胜，但六花亭总部一直扎在带广原地不动，吸引一拨又一拨忠实的甜品控千里迢迢前来膜拜本店的味道。

六花亭 →

柳月

与六花亭齐名的十胜甜品，还有一道叫作“柳月”。包装朴素，味道扎实，小麦、鸡蛋、砂糖、乳制品和红小豆，所有原材料都从十胜当地提取，是名副其实的“十胜制造”。柳月的年轮蛋糕“三方六”是凸凹的心头好。白桦树柴火造型蛋糕，口感绵软，用料不掺水，每一口都是幸福。北海道时期堆积的脂肪，一半以上要归功于“三方六”。

甜品之后的正餐，是起源于带广的猪肉盖饭！猪里脊肉经甜咸口酱汁腌制入味，用炭火烤熟，铺在热腾腾的北海道产白米饭上。溢出碗边儿的猪肉片油光闪闪，炭烤肉香扑面而来，沁人心脾。“这不就是鳗鱼饭的猪肉版吗？”

带广街头，“豚丼”招牌随处可见。不同店家在酱汁和烧烤火候上各有追求，但菜单像是统一制作的：猪肉盖饭和味噌汤以外其他皆无，单凭一样养活一家店，足见它在十胜人民心中的地位。凸凹行程中留给猪肉盖饭的额度有限，思前想后献给了位于带广站附近的“Butadon Pancho”——这是猪肉盖饭的始祖店，由创始人一家代代经营，不设分号。想吃，就只能亲自跑一趟带广。

Pancho 菜单分“松、竹、梅、华”四档，代表猪肉片数从少到多。顺序与日本人的习惯完全颠倒，通常“松”才应该是级别最高的那一档。听说这是因为太太的名字叫梅，所以由初代店主进行了“爱的修正”，并延续至今。凸凹去吃的那天，6 片肉的“梅”人气最高，几乎桌桌可见。跟风点了“梅”的凸凹，咬下第一口肉就后悔了——味道完胜以往吃过的所有猪肉盖饭，应该点 8 片肉的“华”！

元祖 豚丼の ぱんちょう
元祖
豚丼
ぱんちょう
元祖
豚丼の ぱんちょう

豚
元祖 豚丼 のぱんちょう

こうふく
幸福駅

北海道
こうふく
幸福
KOFUKU
北海道
幸福ゆき
小

幸福簡易郵便局

とかち帯広空港
6km
幸福駅
500m

作为十胜之行的最后一站，凸凹去了幸福车站。幸福车站早在 1987 年随线路停驶而废站，不过因为“幸福”这个讨巧的名字，候车室、月台及部分铁路得以保留，架上两节车厢，修建成现在的模样。从带广市内通向机场的高速巴士在这里停留，刚好能让凸凹用“幸福”为十胜之行画上句号。

幸福的十胜之行留下一些小念想：没看到的冬季绝景，没来得及体验的奶牛挤奶，没顾得上尝的十胜比萨，以及错季盛开的土豆花……在车站附近的小邮局，凸凹各自写下一张明信片：“待到春暖花开，再来！”

带广及周边篇

Liberty Hill 广濑牧场

当地很出名的一家家庭农场兼售卖点，地处带广市内，交通方便也是优势。绝对王道的流程是先参观现代化挤奶，再去相邻的店铺品尝牧场自制的冰激凌，味道浓浓的，很好吃。

地址：带广市西 23 条南 6-13

十胜观光咨询中心

这里不算景点，但服务真的好得没话说，服务人员会耐心地拿着地图和时间表帮忙策划行程，告诉你最划算的交通方式。咨询中心有物产贩卖区，作为伴手礼大概过于朴素，但买给自己吃或者用特别合适。

地址：带广市西 2 丁目南 12 丁目带广车站 ESUTA 东馆 2F

高桥馒头屋

高桥家做的车轮饼，简单淳朴，味道好，带广市民无人不晓。车轮饼现烤现卖，有甜甜的红豆馅和微微咸口的奶酪馅两种，两种都好吃得不得了。店内有一处小小的堂食区，是本地学生放学后的据点。或许你不会专程前往，但若经过，值得为它停留 10 分钟。

地址：带广市东 1 南 5-19

柳月 Sweetpia Garden

带广老店柳月家的甜品花园，生产参观、咖啡休憩以及伴手礼售卖点一样都不少。整体体验和观感类似于札幌的白色恋人公园，但明显柳月这边的本地客人更多——每天限量供应的三方六年轮蛋糕的边角特卖品，好吃、稀少，外加超级便宜，需要有绝对的好运和毅力才能抢到。

地址：音更町下音更北 9 线西 18-2

十胜川温泉

来十胜川温泉的主要目的就是泡摩尔温泉。日本温泉多因火山爆发而形成，不过摩尔温泉却与火山无关，而是由植物堆积发酵而来的植物性温泉。茶褐色温泉富含有机物质，泡完后皮肤滑溜溜的。十胜川温泉区域还有热气球以及山林自行车等户外活动体验项目。户外刺激出一身汗以后再泡个温泉，一天的时间转瞬即逝！

地址：音更町十胜川温泉

Naitai 高原牧场

全日本占地面积最大的公共牧场。蓝天白云绿地之间，来访游客以外，其余空间都属于散养的 2000 余头奶牛。这里是奶牛寄宿站，农家长到半岁的奶牛，会被送来牧场，在这里长大、怀孕，到快生小牛的时候再返回各家。爬到高原最高处新开的咖啡店，舔着浓郁的奶油冰激凌，眺望无边无际的田园牧歌风景，什么烦恼都能烟消云散。

地址：河东郡上士幌町上音更 85-2

然别湖 Kotan

每年冬季最冷的两个月，出现在“天然之湖”然别湖上的限定冰雪村落。不怕冷的勇士可以挑战零摄氏度以下的“冰上露天温泉汤”，温泉引自湖边的温泉源泉，绝对正宗。温泉以外还有冰室咖啡酒吧、冰室酒店以及冰室教堂……各种 100% 纯天然的冰雪奇缘世界，建议把自己裹成球儿，穿得暖暖地去体验。

地址：河东郡鹿追町然别湖

新得荞麦馆

温差大的高寒地区适合荞麦生长，所以新得町的荞麦很出名。荞麦馆用的荞麦是自家产的，自家切压，端上桌后荞麦香扑面而来，让人停不下筷子。有兴趣的话可以花上一小时，报名试一把手擀荞麦，专人指点之下能看到质的飞跃，做好的成品带回去送人很拉风哦。

地址：新得町新得基线 102

凸凹推荐行程

从带广车站坐上火车，搭根室本线奔向东方，铁路沿太平洋，经过钏路和厚岸之后抵达终点根室。钏路与根室之间的这段线路，有个非常动听的花名儿，叫作“花咲线”。“咲”字在日文中有“花开”和“笑”两个意思，每次搭“花咲线”，凸凹也会笑得如花开一般：不仅因为森林、湿原和海岸交错的沿途风景令人陶醉，更因为美丽的“花咲线”，连着闻名全日本的秋刀鱼（钏路）、牡蛎（厚岸）和螃蟹（根室）三大海鲜产地。

从厚岸站出发千万别睡觉，因为“花咲线”的绝美景致“别寒边牛湿原”就在眼前。湿原里住着丹顶鹤、白尾海雕和棕熊，能在沿途碰上谁要看运气。欣赏湿原，春夏为佳，水雾缭绕的绿色是天赐的疗愈正能量。穿越湿原行驶过糸鱼泽站，牧场草原慢慢出现，虾夷鹿和奶牛以及马会以极大概率蹦出来打招呼。

厚岸约等于牡蛎，适度盐分养出来的厚岸牡蛎肥美爽滑，从车站步行 10 分钟到达的“厚岸味觉终点站 CONCHIGLIE”可以吃到生食或者蒸烤全套。印象最深的是这里的炭烤：牡蛎放进盛满日本酒的水桶，盖严盖子端上炭火烧。烤熟的牡蛎飘着酒香，吃之前就醉了。

别寒边牛湿原

厚岸

钏路

“花咲线”的起点钏路，因为电影《非诚勿扰》而被国人熟知。和商海鲜市场、币舞桥和炉端烧料理“常规三件套”体验一圈之后，隔天起早像日本人一样在车站内买一份当地名产“沙丁鱼寿司”便当带上火车，开启愉快的“花咲线”行程。

北海道内非常出名的回转寿司“根室花丸回转寿司”更是不容错过。根室海港打捞的生鲜直接进店，近水楼台的优势为道东盛产的各种生鲜口味打下保票，用回转寿司的价格品尝寿司专门店的品质，仅这一餐就能值回车票价。

根室的花咲蟹非常出名，每年于9月上旬举行两天的“根室螃蟹祭”，吸引道内外的老饕纷至沓来。用螃蟹肉做的各种吃食令人垂涎，不过凸凹最感兴趣的是祭祀时举行的吃螃蟹比赛：每位报名选手会领到一只带壳的花咲蟹，比拼谁能在90秒之内吃到最多的螃蟹肉。待时间合适的时候很想去挑战一番：即使拿不到名次，能吃上螃蟹肉也挺划算的，不是吗？

根室

别当贺

滨中站

落石海岸

待行驶到别当贺站时，车内广播都会提醒乘客，“花咲线”上的又另一大人气景点“落石海岸”就要到了。车厢里无法感受到全部，那就让视线跳出车外去看看吧：蓝天绿野和蔚蓝的大海，自己乘坐的火车不知何时开进了仙境。

来一趟根室不容易，不如趁机转遍它的边边角角。最推荐的一个边角是纳纱布岬。纳纱布岬是日本国土的最东侧，也是日本最早看到日出的地方。最早的记录出现在每年6月，3点半就能看到太阳升起。看完“日本最东”返回根室车站，搭乘“花咲线”晃悠着回钏路，这样悠闲的自然海鲜一条线，你会有兴趣走一趟吗？

逛逛

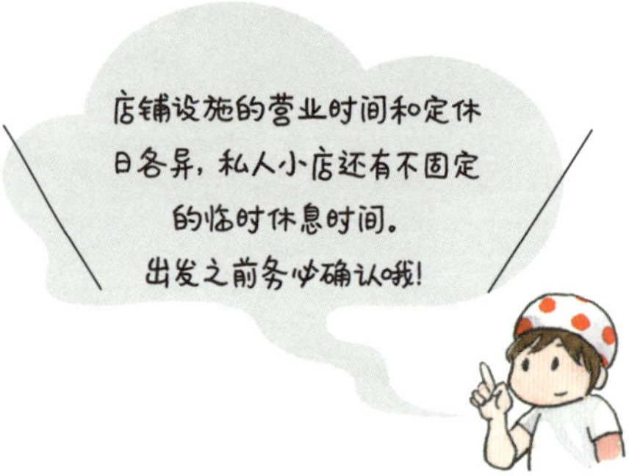

JR 带广站

地址：带广市西 2 条南 12丁目

带广神社

地址：带广市东 3 条南 2丁目 1

十胜川河川公园足球场

地址：带广市东 14 条南 2丁目

带广川

地址：带广市东 2 条南 1丁目

带广畜产大学

地址：带广市稻田町西 2 线 11

带广赛马场

地址：带广市西 13 条南 9丁目

白桦树的街道

地址：河东郡音更町驹场并木 8 番地 1

Taushubetsu 川桥梁

地址：河东郡上士幌町糠平源泉乡

宝石冰（1 月中旬～2 月下旬限定景观）

地址：中川郡丰顷町大津海岸

十胜千年森林

地址：上川郡清水町字羽带南 10 线

真锅庭园

地址：带广市稻田町东 2 线 6

紫竹花园

地址：带广市美荣町西 4 线 107

十胜丘陵

地址：幕别町字日新 13 － 5

六花森林

地址：中札内村常盘西 3 线 249 － 6

幸福车站

地址：带广市幸福町东 1 线

尝尝

六花亭带广本店

地址：带广市西 2 条南 9丁目 6

柳月大通本店

地址：带广市大通南 8丁目 15

Butadon Pancho

地址：带广市西 1 条南 11丁目 19

钏路 ➔ 阿寒湖 ➔ 钏路湿原 ➔ 摩周 ➔ 知床 ➔ 网走

标题罗列的这条北海道道东串联行程，凸凹计划了很久。如果想在一趟旅行中尽量多看几个城市的精华所在，就需要一份配合天时地利、零误差的时间表。很遗憾凸凹运气不佳，精心准备的行程表因为突如其来的疫情没了用武之地……那我们就换个玩法吧。趣走北海道的最后一站，凸凹用画笔带路"走火车观花"，圈画几处道东的重要看点，先带诸位在纸上旅行一程。

六天五晚道东穿行计划

第一天 在钏路站搭巴士，前往阿寒湖与绿球藻约会，在阿寒湖温泉街泡日归温泉、看风景，原路返回钏路。晚饭尝尝当地特色炉端烧。

第二天 在钏路站搭火车，穿行钏路湿原看丹顶鹤跳舞。车站附近三处展望台轮番打卡，最后从湿原附近的细冈站搭火车奔向下一站川汤温泉。

第三天 早起，约车去拜访神秘的摩周湖。回程在摩周湖车站打卡弟子屈拉面总本店的鱼介酱油拉面，再利用等车空隙泡足汤。本日终点为知床斜里站。

第四天 花一整天在世界自然遗产知床探险，晚上继续停留，去宇登吕温泉放松。

第五天 上午留给知床，中午火车出行去网走。撞大运看流冰，探网走监狱。晚上用当地名产金鱼料理为道东游收尾。

☆ 道东的最佳旅行季为 4 月下旬至 11 月上旬。
但对于完全不怕冷的回访客，更推荐隆冬 2 月。

☆ 公共交通班次少且停留时间短。火车、巴士之外可考虑包车，不仅可以去隐藏景点，还能从司机口中打听来本地人才知道的奇闻逸事。

☆ 行车途中盯紧窗外，因为美景和动物随时可能出现。

☆ 沿途存包地点不多，舟车劳顿，双肩包才是好伴侣。

☆ 如果时间和预算允许，钏路和宇登吕温泉都建议追加一晚，将 5 天行程变成 7 天。前者可以来回跑两趟钏路湿原，参加比较费时间的户外体验项目，深度游览湿原的边边角角。后者多出来的一天自然属于知床，在这里随便走走就是非常好的旅行体验。

番外篇之钏路打卡 盖浇鲑鱼子饭

道东行程比较辛苦，出发前不妨在钏路找家店，用新鲜的盖浇鲑鱼子饭补充能量！盖浇鲑鱼子饭操作简单，点上一大碗白米饭，然后就掏出手机开启录像功能，等着看精彩表演吧！

阿寒湖

あかんこ

akanko

因为电影《非诚勿扰》，美丽静谧的阿寒湖为国人所知。这里没有“四姐妹”，电影取景的居酒屋，是温泉街上当地老夫妇经营的好味炉端烧。这里也没有火车直达，需要从钏路车站乘坐巴士。一湖一温泉，非诚勿扰。

湖畔西侧拥有北海道内最大的阿伊努族群落。街上随处可见充满阿伊努族特色的手工艺品，还有机会在“阿伊努剧场依克尔”看到被联合国教科文组织指定为非物质文化遗产的古式舞蹈。

阿寒湖北侧湖底，居住着数以亿计的又大又圆的绿球藻。球藻不仅对于水质极其挑剔，长得圆圆胖胖，还需要地形地质、风吹水流波动等苛刻条件配合。阿寒湖是日本唯一一处圆球藻群生地。搭乘 5 月－11 月限定开放的游船，登陆湖中小岛上的绿球藻展示观察中心，是近观这些可爱绿圆球的捷径。

钏路湿原

くしろしつげん

kushiro-shitsugen

日本最大湿地公园，分东西两区。东区看点为展望台远观以及浪漫的列车穿行。标准游览路线是搭 JR 观光火车“钏路湿原诺罗科号”，趴在车窗上饱览各种绿色交会出的美景。西区以钏路市湿原展望台为起点，可沿铺设路进入湿原小范围走一圈。想一天看全两区不容易，需要二选一。

鹤居村位于钏路湿原北侧，这里的“村民”都是大长腿，带着红帽子。冬天就喜欢在雪地里斗舞，比拼赢了还能娶到媳妇。遇见它们最好的去处是鹤居村内的“鹤见台”和“伊藤丹顶鹤保护所”。隆冬蹲在田垄，远远地守望丹顶鹤在雪地中翩翩起舞。若是好运，赶上谁在地里“施肥”，还会给行程添一抹浓重的味道。

隆冬一二月，穿越在白雪皑皑的湿地之上的是“SL 蒸汽机车冬之湿原号”。老式蒸汽火车头喷着白烟噗噗前行，在温暖如春的车厢中，隔窗欣赏银白雪原是这里的冬季保留项目。沿途经过三个展望台，可以用上帝视角欣赏湿地的壮阔美。特别是钏路湿原站附近的细冈展望台，远望整片湿地，在这里等一场落日才不虚此行。

摩周湖是阿伊努人心中的“神之湖”，深藏于弟子屈町的山林中。与外川完全隔绝，散发着独特神秘的“摩周蓝”，是日本透明度最高的湖泊。它还有个别称叫作“雾的摩周湖”，因为全年有三分之一的时间湖面都被浓雾笼罩。日本人迷信于看到晴天摩周湖的人会晚婚，你信吗？

屈斜路湖和摩周湖一样，也是火山喷发形成的火山口湖，不过面积却是后者的4倍，近水远山，景色开阔。上次拜访时听司机兼向导大叔传授了一套神奇的屈斜路湖夏季游乐办法。可惜当时季节不对，无从考证，凸凹交换了个眼神，找个夏天再来验证！

摩周蓝、浓雾和星空是“摩周三宝”。摩周湖所在地区属于特别保护区，建筑物数量为零。冬季浮尘颗粒少，是观赏星空最棒的季节。还记得某年冬天，凸凹摸黑跑去湖边的摩周第一展望台看银河。夜幕中的雾气像一头巨兽，从湖面沿山攀爬而上，神秘又震撼。

知床
しれとこ
shiretoko

2005 年被列入《世界自然遗产名录》的知床，充满野性与灵气。步行进入原生林中的知床五湖，寻找野生动物足迹的游览路线，走几遍都不够。不过游步道冬季不开放。冬季来知床的话，要报名参加由指定向导带队的行程，这样就能去夏季到不了的森林湿地，或者结冰的湖面探险啦！

可别以为向导会带着找熊。熊出没注意！向导是带大家避熊的。万一真的遇到，请参考前文以及祈祷吧……

知床的虾夷鹿不仅能看，还可以吃。这是因为鹿数量太多对自然造成了威胁。但小鹿这么可爱，怎么舍得吃呢？……知床五湖 RESTHOUSE 售卖的鹿肉汉堡，可尝。

冬天的知床五湖禁止进入，向导会带大家穿上雪鞋，去森林中寻找小飞鼠。

知床的自然向导非常厉害！他们不仅知道该如何避熊，还会在沿途分享跟自然有关的有趣知识点。凸凹以前冬夏两次来知床，都约了同一位自然向导小爱。小爱和她的户外达人老公，给凸凹展现了知床两季完全不同的魅力。

乘坐破冰船出海是来网走看流冰的保留节目。站在甲板上放眼望向纯白世界，参差的冰面散射着强烈的日光。破冰船实力碾压过冰面，传来"咯吱咯吱"清脆的断裂声，晃动中前行的快感是珍贵的自然体验。

网走是鄂霍次克海沿岸地域最大的城市。概括这里两个关键词就够了：人造的监狱，天造的流冰。尤其是后者，每年1月中下旬到3月，流冰从鄂霍次克海“远道而来”在北海道沿岸城市靠岸。北海道也是全球能见到海洋流冰纬度最低的地方。不过受地球变暖的影响，现在想看壮阔的流冰靠岸，真需要一点点运气了。

望远镜或者单反相机，“长枪短炮”都请背上船，因为随时会邂逅威风凛凛的虎头海雕和憨态可掬的海豹。尤其是趴在冰面上用水汪汪的大眼睛偷瞄你的海豹宝宝，一等一的卖萌高手。

坐船看流冰以外，凸凹力荐更刺激的“流冰漫步”（需要找专业向导带领）。这是最冷的季节才会在网走和知床两地开展的体验项目。换上防寒的干式潜水服，跳进冰窟窿，索性跟着流冰漂一会儿吧！

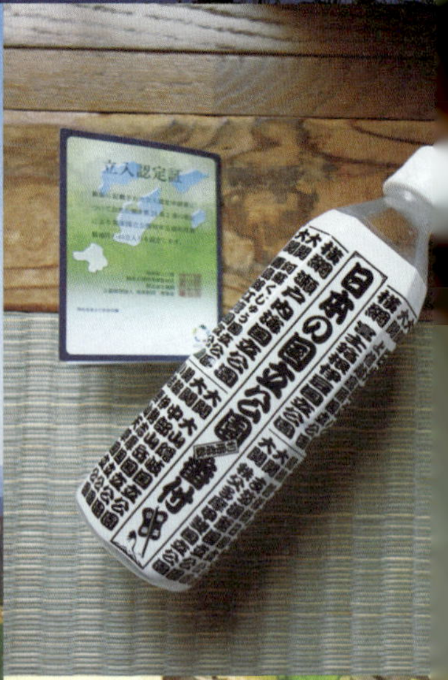
立入認定証
日本の国立公園

かわゆおんせん
かわゆおんせん

Keep on smile☺
Have a nice day

逛逛

JR 钏路站

地址：钏路市北大通 14 丁目 1 – 78

阿寒湖温泉街

地址：钏路市阿寒町阿寒湖温泉

绿球藻展示观察中心

地址：钏路市阿寒町阿寒湖温泉忠类岛

阿寒湖阿伊努族集落

地址：钏路市阿寒町阿寒湖温泉 4 丁目 7 – 19

钏路湿原国立公园

地址：川上郡钏路市北斗 2 – 2101

细冈展望台

地址：钏路郡钏路町字达古武 22 – 9

钏路市湿原展望台

地址：钏路市北斗 6 – 11

鹤见台

地址：阿寒郡鹤居村下雪里

伊藤丹顶鹤保护所

地址：阿寒郡鹤居村雪里南

川汤温泉

地址：川上郡弟子屈町川汤温泉

摩周湖

地址：川上郡弟子屈町

摩周湖第一展望台

地址：川上郡弟子屈町弟子屈原野

屈斜路湖

地址：川上郡弟子屈町字美留和

JR 摩周站

地址：川上郡弟子屈町朝日 1 丁目 7 – 26

JR 知床斜里站

地址：斜里郡斜里町港町

知床五湖

地址：斜里郡斜里町大字远音别村字岩宇别

宇登吕温泉街

地址：斜里郡斜里町宇登吕

JR 网走站

地址：网走市新町 3 丁目 1

网走监狱博物馆

地址：网走市呼人 1 – 1

网走流冰观光破冰船极光号

地址：网走市南 3 条东 4 丁目 5 – 1

鄂霍次克流冰馆

地址：网走市天都山 244 – 1

尝尝

炉端滨子（四姐妹居酒屋）

地址：钏路市阿寒町阿寒湖温泉 1 丁目 4 – 11

弟子屈拉面总本店

地址：川上郡弟子屈町摩周 1 丁目 1 – 18

知床五湖 RESTHOUSE

地址：斜里郡斜里町大字远音别村

凹凸不平的北海道之旅，玩到这里要先按下暂停键了。偌大的北海道一趟玩不够，还有数不清的宝藏等着凸子和凹子去挖掘，所以“趣走北海道”的行程不会结束。待到摘下口罩能自由行走的好日子归来，凸凹要坐着站站停的慢车，走走转转北海道边边角角的小镇，去一去那些人烟稀少的离岛。下一程，希望还能邀你同行哦！